ANCIENS SEIGNEURS DE TRAINEL

DOCUMENTS

POUR SERVIR A LA

GÉNÉALOGIE

DES

ANCIENS SEIGNEURS DE TRAINEL

PAR

M. L'Abbé Ch. LALORE

Professeur de Théologie au Grand-Séminaire de Troyes

TROYES

IMPRIMERIE ET LITHOGRAPHIE DUFOUR-BOUQUOT
Rue Notre-Dame, 41 et 43.

—

1872

DOCUMENTS

POUR SERVIR A LA

GÉNÉALOGIE

DES

ANCIENS SEIGNEURS DE TRAINEL

— ◇ —

INTRODUCTION

—

I. Dessein général. — II. Les anciens seigneurs de Trainel. — III. Le château de Trainel. — IV. Le château de Pont-sur-Seine. — V. Le château de Marigny. — VI. Division de notre travail.

I. Des travaux généalogiques ont été faits sur les principales maisons de la Champagne au moyen-âge ; mais jusqu'à présent les seigneuries de second ordre, au moins dans l'étendue actuelle du département de l'Aube, ne nous paraissent pas suffisamment connues. Nous avons donc cru rendre un service réel à l'histoire locale, en rassemblant et en publiant des documents pour servir à la généalogie historique des seigneurs de Trainel, Chassenay, Chappes, Vendeuvre, Ramerupt, Arcis, Plancy,... au moyen-âge. Ce premier travail sera nécessairement fort incomplet, parce que nous n'avons pas pu puiser à toutes les sources, mais

1

d'autres pourront compléter nos recherches. Nous commencerons par la maison de Traînel, et nous donnerons la généalogie des seigneurs de Pont-sur-Seine et de Marigny-le-Châtel, principales branches de la famille de Traînel dans le département de l'Aube.

II. Albéric de Trois-Fontaines, vers 1246, rapporte qu'Adrémare, fondateur de l'abbaye de Montiéramey, mort en 850, était un des sept fils jumeaux de la dame de Traînel (1) : d'où il ressort qu'au commencement du xiii⁰ siècle on regardait la maison de Traînel comme fort ancienne.

Les anciens seigneurs de Traînel, d'après nos documents, occupent la scène de l'histoire pendant plus de trois cents ans, jusqu'à ce que les seigneuries de Traînel et de Marigny se réunissent dans la maison des Ursins au xv⁰ siècle. Nous trouvons les principales branches de la famille de Traînel à Traînel, à Pont-sur-Seine, à Marigny-le-Châtel, à Villeneuve-aux-Riches-Hommes, dans le département de l'Aube, à Voisines et à Foissy-sur-Vanne, dans le département de l'Yonne. Les seigneurs de Traînel contractent des alliances avec les maisons de Bar-sur-Seine, Brienne, Polignac, Melun, Châteauvillain, Vergy, Mello... Deux évêques de Troyes, un évêque de Verdun et un évêque de Metz appartinrent à la maison de Traînel. Elle a donné un grand panetier à la couronne de France; un bouteillier et un maréchal au comté de Champagne; un maréchal au comté de Nevers.

III. Il suffit de connaître superficiellement la géographie féodale du comté de Champagne pour savoir qu'à partir du xii⁰ siècle jusqu'à la fin du xiii⁰, Traînel était une des châtellenies importantes du comté. Plus tard, nous lisons dans l'*Extrait et estat sommaire du bailliage de*

---

(1) Ad ann. 863.

Troyes (1), dressé en 1543 : « Item, la chastellenie de
» Treignel, en laquelle il y a prévost et bailli, et une église
» paroiciale en la ville dudict Treignel, appelée Nostre-
» Dame du Chastel de Treignel, et une autre église paroi-
» ciale hors la ville et enclos dudict Treignel, appelée
» Sainct-Gervais et Sainct-Protais, dict les Tables. De la-
» quelle prévosté dépend le village de Fay, auquel il y a
» paroice ; le village de Bouy, auquel il y a aussi une pa-
» roice ; le village de Fourches-sur-Fontaines, qui est de
» la paroice dudict Fontaines, assis au bailliage de Sens ;
» le hameau Coymart, qui est de la dicte paroice de Fon-
» taines ; le hameau Vaulreignier, qui est de ladicte pa-
» roice Sainct-Gervais, et les métairies de Beauvais, le
» Courteilloy, Sailly, Rosay, l'Aunoy, et le hameau à la
» Godivière, et les forsbourgs dudict Treignel. Toutes
» lesquelles métairies et hameaulx sont de ladicte paroice
» Sainct-Gervais ; et partie des dicts forsbourgs, du côté
» d'en haut, est de la dicte paroice Nostre-Dame, et l'autre
» partie des dicts forsbourgs, de ladicte paroice Sainct-
» Gervais. »

Traînel était chef-lieu du doyenné du même nom dans
l'ancien diocèse de Sens. Du xv⁰ au xviii⁰ siècle, ce doyenné renfermait trente-quatre cures ; la ville de Traînel comprenait deux paroisses et plusieurs établissements ecclésias-
tiques et religieux dont nous avons parlé ailleurs (2).

On voit encore à Traînel quelques restes du château des
anciens seigneurs : des terrassements qui, maintenus par
des murs, formaient, avec un bras artificiel de l'Orvin, l'en-
ceinte de ce château : plan à peu près triangulaire, lon-
gueur, 200 mètres ; largeur à la base du triangle, 80 mè-

---

(1) Pierre Pithou. *Les Coustumes du bailliage de Troyes en Champagne*, 1628, p. 630.

(2) *Les Anciens Pouillés des paroisses incorporées au diocèse de
Troyes en 1801*, p. 40 et 73.

tres. Ce château avait trois tours principales dont l'emplacement est désigné par des éminences de terre dites *la Butte du Dos d'Ane*, le *Puy du Guet* et le *Donjon*. On voit encore un pan de mur du rempart qui subsiste à 1 mètre 80 centimètres d'épaisseur. Tous ces travaux défendaient le château au nord-est et à l'ouest; au sud, un bras dérivé de l'Orvin le séparait du bourg. Le bourg lui-même était protégé par des fossés.

IV. Pont était le chef-lieu du *Pagus Morivensis* qui correspondait à l'ancien doyenné de Pont-sur-Seine. Ce *Pagus* formait encore au milieu du ixᵉ siècle un comté, comme on le voit par le diplôme de Charles-le-Chauve en 859 (1); mais en 862 il ne porte plus le nom de comté (2), et en 878 il faisait partie du comté de Champagne (3), dont il n'est plus sorti.

La seigneurie de Pont passa aux comtes de Champagne, vers le milieu du xiiᵉ siècle. La Champagne étant divisée sous nos comtes en châtellenies ou prévôtés qui avaient pour chef-lieu le centre le plus populeux de la circonscription, Pont-sur-Seine fut érigé en châtellenie. Dans le rôle du comte Henri, rédigé vers 1170, nous trouvons ce chapitre : « Ce sont li fié de la chastelerie de Ponz-suz-Saigne », quarante-deux vassaux du comte de Champagne appartiennent à la circonscription de cette châtellenie (4).

V. Le château de Marigny fut très important au xiiᵉ et au xiiiᵉ siècle, jusqu'à la mort de Garnier V de Traînel en 1267. On voit encore les restes des fossés du château et un travail en terre dit *Tour Saint-Blin*.

Le château de Marigny formait châtellenie et était du

(1) D. Bouquet, t. VIII, 558-D.
(2) Ibid. 580-E.
(3) *Gallia Christ. nova*, t. II, Instr. p. 8-D.
(4) Auguste Longnon. *Le Livre des Vassaux*, p. 174.

bailliage de Troyes, mais le village et l'église étaient du bailliage de Sens. Le 17 mai 1576, la ville de Marigny fut assiégée et prise par les reîtres ; tous les hommes furent emmenés, à l'exception de deux. A cette époque, Marigny était entouré de murailles (1). On voit encore maintenant quelques restes des fossés et des fortifications de la ville ; l'Ardusson coule dans une partie des fossés.

Au xviiᵉ et au xviiiᵉ siècle, la seigneurie de Marigny comprenait les villages de Saint-Flavit, Prunay, Echemines, Fauls, Saint-Loup, Ossey-les-Trois-Maisons, une partie de Saint-Martin-la-Fosse, Basson qui était un fief particulier. Marigny était chef-lieu du doyenné du même nom dans l'ancien diocèse de Troyes. Il comprenait trente-et-une paroisses, d'après le pouillé de 1407, et trente-trois, d'après le pouillé de 1761, en y ajoutant six succursales.

VI. Le but de notre travail était de dresser le catalogue généalogique des anciens seigneurs de la maison de Traînel. Notre tâche est demeurée imparfaite, faute de documents. On trouvera, indiquées dans les preuves, les sources auxquelles nous avons puisé et les pièces authentiques dont nous avons fait des extraits pour établir ce catalogue. Ces pièces sont :

1° Trois cent vingt-cinq chartes ou documents concernant les anciens seigneurs de Traînel et qui peuvent servir à leur généalogie. Nous citons beaucoup de chartes originales ; les autres sont tirées des divers cartulaires ; la plupart sont inédites.

2° Les « *Inscriptions des Sépulchres de Messires de « Treignel, inhumez au chapitre de l'abbaye Notre- « Dame de Vauluisant.* »

Ce relevé, fait par dom Maillet, prieur de Vauluisant, et

(1) *Mémoires de Claude Hatton,* publiés par Félix Bourquelot, p. 844.

adressée au P. Jacques Vignier, avec une lettre en date du 8 septembre 1647, se trouve à la Bibliothèque impériale, *Fonds Français,* 5997, fol. 122 r°.

3° Extrait de l'*Obituaire de l'abbaye de Vauluisant* (Yonne), tiré du même manuscrit de la Bibliothèque impériale, fol. 115 r°.

4° Extrait de l'*Obituaire de l'abbaye du Paraclet* (Aube), d'après une copie qui se trouve à la Bibliothèque de Troyes. Cette copie fut faite au xviii° siècle par dom Cajot, dernier confesseur des religieuses du Paraclet.

Plusieurs mentions de ces deux obituaires intéressent seulement les familles alliées à la maison de Traînel; d'autres se rapportent à des familles dont nous parlerons plus tard.

PREMIÈRE PARTIE

CATALOGUE GÉNÉALOGIQUE

DE LA MAISON DES ANCIENS SEIGNEURS DE TRAINEL.

§ I. — Seigneurs de Traînel.

André Duchesne, dans l'histoire de la *Maison de Vergy* (1), a donné les armes de la maison de Traînel : « *Vairé, contre-vairé d'argent et d'azur.* »

I. Déodat de Traînel.

Déodat est témoin d'un privilége accordé au chapitre de Saint-Quiriace de Provins, 1062-1089 (n° 1, cfr. 2ᵉ partie, Chartes). Dès l'an 1079, on voit apparaître, nous ne savons à quel titre, un autre seigneur de Traînel, Ponce, qui réunit les seigneuries de Pont-sur-Seine et de Traînel.

II. Ponce Iᵉʳ, dit l'ancien, seigneur de Traînel et de Pont.

Au mois de juin 1079, Ponce donne à l'abbaye de Cormery l'église de Saint-Gervais-des-Tables, à Traînel, pour y établir un prieuré (n° 2). A cette époque, Ponce avait pour femme Caravicina ; leurs enfants sont :

1. ANSEAU Iᵉʳ ou ANSÉLME, qui suit.
2. GARNIER Iᵉʳ (voir les seigneurs de Pont, n° II.)

---

(1) P. 101.

3. PHILIPPE MILON. Il est dit : 1º Fils de Ponce Iᵉʳ et de Caravicina (nº 2); 2º frère de Garnier Iᵉʳ (nº 10);
3º oncle de Ponce II (nº 6). Il fut évêque de Troyes de
1083 à 1121.

4. COMTESSE. En 1146, elle est nommée sœur d'Anseau Iᵉʳ
et fut témoin de l'accord entre Norpand, abbé de Vauluisant, et Héloïse, abbesse du Paraclet (nº 20).

5. Nous trouvons, en 1151, GAUCHER, moine de Clairvaux,
qui est nommé l'*oncle* d'Anseau II et de Garnier II, enfants d'Anseau Iᵉʳ (nº 32).

6. Nous croyons qu'il faut chercher parmi les enfants de
Ponce l'Ancien le père ou la mère de GARNIER DE
TRAINEL, évêque de Troyes, de 1193 à 1205, et de son
frère, GUI GATEBLÉ (nº 120, 144), dont la femme s'appelait COMTESSE. L'évêque Garnier avait pour neveu
HENRI DE TRAINEL, archidiacre (nº 171), et il appelle
consanguinei : GAUTHIER DE MARIGNY, archidiacre,
et GUI MILES DE POGIACO, seigneur de Saint-Léger-sous-
Margerie, qui avait pour femme AGNÈS (nº 158).

III. Anseau Iᵉʳ, seigneur de Traînel.

Anseau Iᵉʳ (Ansellus et Anselmus), dit l'*Ancien*, fils de
Ponce Iᵉʳ, lui succède dans la seigneurie de Traînel. Il figure dans nos chartes, dès l'an 1079 (nº 2) ; en 1127, il
contribue à la fondation de l'abbaye de Vauluisant (nº 13) ;
en 1131, il donne à l'abbaye d'Andecies (Marne), la
grosse dîme d'Echemines (Aube) (nº 16); en 1145, de
concert avec sa femme Hélissende et leurs enfants, *Anseau* et *Garnier*, il signe un accord avec l'abbaye de
Saint-Loup de Troyes, relatif aux femmes libres de la rivière de l'Ardusson (nº 17) ; en 1146 au plus tard, il
fonde, avec Hugues, archevêque de Sens, le prieuré de
Sainte-Madeleine, dépendant de l'abbaye du Paraclet
(nº 19); la même année, il donne au Paraclet droit d'usage
dans tous ses bois, et en particulier dans ceux de Courgivolt, de Pouy et de Marcilly-le-Hayer (nº 27). Les autres
actes d'Anseau Iᵉʳ se trouvent sous les nᵒˢ 14, 15, 20, 21,

22 ; il disparaît après 1146. Hélissende, sa femme, vivait encore en 1151 (n° 31); en 1155, elle était prieure de Foissy, près de Troyes (n° 41), de l'ordre de Fontevrault (1). Anseau Ier est marqué dans l'obituaire de Vauluisant au 30 juillet et au 31 décembre, avec sa femme Hélissende.

Enfants d'Anseau Ier et de Hélissende :

1. ANSEAU II qui suit.
2. GARNIER II (voir les seigneurs de Marigny, n° 1).
3. GARIN. Il eut pour enfants Philippe de Traînel, abbé de Saint-Loup de Troyes, et Théceline, dame d'Ermel; il se fit convers à Prully (n° 31, 142).
4. MILON. Il fut abbé de Saint-Marien d'Auxerre, de 1155 au 17 mars 1202.
5. ELISABETH. Elle fut mariée à Hugues, seigneur de Plancy, et vivait encore en 1189 (n° 132). Ils eurent pour enfants GILON, seigneur de Plancy, marié à OLDÉARDE dès l'an 1189, et CAPRARA qui, à la même époque, était religieuse au Paraclet.

IV. Anseau II, seigneur de Traînel.

Anseau II, dit le Jeune, fils d'Anseau Ier et de Hélissende, apparaît dès l'an 1145 (n° 17). Le 31 mars 1146, jour de Pâques, Anseau se croise à Vézelai avec le jeune Henri, fils de Thibaut, comte de Champagne ; ils ne partirent qu'après la Pentecôte 1147 (n° 22), et rentrèrent vers le commencement de 1149 (2). En 1151, Anseau, en présence de Louis VII, à Sens (n° 31), donne à l'abbaye de Pontigny, de concert avec son frère, Garnier II, seigneur de Marigny, ses droits dans le bois de Saint-Etienne, ainsi que les granges de Bœurs et de Chailley (Yonne). Dès l'an 1152, Anseau II avait la charge de bouteillier du comte de Champagne ; à partir de cette époque, il vit à la

---

(1) *Chronic. S. Mariani Autissiod.* Ap. D. Bouquet, XVIII, 268.
(2) D'Arbois de Jubainville. *Histoire des Comtes de Champagne,* t. III, p. 19.

cour de Henri-le-Libéral et figure comme témoin dans cent dix-neuf chartes de ce prince (1). Vers l'an 1153, eut lieu, par l'entremise du comte Henri, le mariage d'Anseau avec la fille de Geoffroi III, seigneur de Donzi. Ce mariage, qui fut rompu avant d'être consommé, amena de grandes contestations que nous avons exposées, d'après la déposition de Gui Gâteblé (n° 36). Quel nom portait la fille de Geoffroi? On l'ignore. L'*Art de vérifier les dates* l'appelle par erreur Hermesende ; mais Hermesende ou Hermance est le nom de la femme qu'Anseau épousa dans la suite, et qui lui survécut, car elle vivait encore en 1196 (n° 145), en 1200 (n° 156), et au mois de juillet 1205 (n° 169). On ne peut donc pas admettre, avec certains historiens, qu'Anseau aurait eu, après Hermesende, une seconde femme nommée Isabelle, fille de Gui, comte de Bar-sur-Seine, et mariée plus tard à Thibault Ier, comte de Bar-le-Duc (2). C'est Hermesende, que l'ancien comte de Bar-sur-Seine, Manassès, évêque de Langres, appelle sa sœur, veuve d'Anseau (n° 128). En 1164, au plus tard, Anseau établit un chapitre de chanoines, dans la chapelle de son château de Traînel : cette petite collégiale est dédiée à la Très-Sainte-Trinité (n° 62). En 1166, Anseau sert de caution au comte de Nevers, dans ses démêlés avec l'abbaye de Vézelai (n° 68); en 1177, le roi Louis VII notifie qu'Anseau de Traînel tient du roi la moitié de la forteresse de Villeneuve-sur-Vanne (Villeneuve-l'Archevêque), et tient de

---

(1) D'Arbois de Jubainville. *Histoire des Comtes de Champagne,* page 125.

(2) Albéric ap. D. Bouquet, t. XIII, p. 712, *note;* — t. XVIII, p. 783-A. D'après l'*Art de vérifier les dates* (comtes de Bar-le-Duc), Isabelle, seconde femme de Thibault Ier, comte de Bar-le-Duc, aurait été fille de Gui, comte de Bar-sur-Seine; mais ailleurs l'*Art de vérifier les dates* (comtes de Bar-sur-Seine) dit qu'Ysabelle était fille de Thibaut, fils lui-même de Gui, comte de Bar-sur-Seine. Des historiens pensent que Hermesende et Isabelle seraient la même personne. Notre Hermesende ne paraît pas s'être remariée.

Henri, comte de Champagne, l'autre moitié (n° 101); en 1183, Anseau, par moitié avec Gui, archevêque de Sens, acquiert tout ce que les religieux de Vauluisant possédaient à Villeneuve-sur-Vanne (n° 118). Anseau le bouteillier meurt de 1185 à 1192. Il figure dans vingt-deux de nos chartes (du n° 22 au n° 122.)

Enfants d'Anseau II :

> 1. Anseau, qui continua la lignée.
> 2. Marie, dame de Charmoy (n°ˢ 149 et 152).

V.   Anseau III, seigneur de Trainel.

En 1196, Anseau fait une donation à la léproserie des Deux-Eaux, près de Troyes (n° 146); en 1197, de concert avec sa femme Ida, il donne au Paraclet son bois du *Coudroi,* sur le territoire de Marcilly-le-Hayer, pour le repos de l'âme d'Anseau II, son père (n° 149); la même année, il accorde plusieurs franchises à la *Ville-Noeve-sus-Venne* (n° 150); vers la même époque (n° 147), il s'intitule seigneur de Sacey (Aube). Au mois d'avril 1198, à Melun, Anseau, avec son cousin Garnier III, de Marigny, sont caution de la foi jurée au roi par le comte Thibaut III (n° 154); au mois de mai 1201, à Sens, Anseau est encore, avec Garnier, caution de Blanche de Navarre, comtesse de Champagne, envers Philippe-Auguste (n° 163); en 1204, Anseau et Ida, sa femme, donnent à l'abbaye du Paraclet la dîme de Villeneuve-aux-Riches-Hommes et de Saint-Maurice (n° 165); au mois de juillet de la même année, Anseau reconnaît que sa maison de Villeneuve-aux-Riches-Hommes est du fief de la comtesse Blanche (n° 168). Au mois de novembre 1208, Anseau vendait à Blanche tout ce qu'il avait dans le péage de Pont-sur-Seine; c'est le dernier acte où il figure. En 1212, Ida était veuve et administrait les biens de ses enfants en bas-âge (n° 183); au mois de décembre, à Provins, elle cautionnait Blanche envers Phi-

lippe-Auguste (n° 185). Les chartes d'Anseau III sont sous
les n°ˢ 146 à 154, 163, 168, 176. Son fils Anseau lui succéda dès qu'il eut atteint sa majorité.

Enfants d'Anseau III et d'Ida :

1. ANSEAU, qui continua la lignée.

2. ERARD DE TRAINEL, sire de Foissy-sur-Vanne. Dans son
   inscription tumulaire à Vauluisant, il est dit fils d'Anseau III et petit-fils d'Anseau II. Il eut pour femme
   AGNÈS DE CAUDA, puis YOLANDE DE MONTAIGU, il était
   mort avant 1258 (n° 252).

Le fils d'Erard est JEAN DE TRAINEL, seigneur de Foissy,
   qui fut inhumé à Vauluisant.

VI.   Anseau IV, dit le Gros, seigneur de Traî-nel et de Villeneuve-aux-Riches-Hommes.

Au mois de mars 1222, Anseau IV donne des lettres de
cautionnement à Philippe-Auguste, pour Thibaut IV, comte
de Champagne (n° 197). Il mourut à la croisade, en 1239
(n° 231) ; il avait épousé *Sibille*, qui vivait encore au
mois de mai 1248.

Anseau et Sibille eurent pour fils *Henri de Traînel,
seigneur de Villeneuve* (n°ˢ 241, 260). Henri avait des
frères que nous ne connaissons pas (n° 243).

HENRI Iᵉʳ de Traînel, fils d'Anseau IV et de Sibille, au mois
   de mai 1248, vendit au comte Thibaut IV le fief de
   Pâlis (Aube) ; les frères de Henri devaient approuver
   cette vente (n° 243) ; au mois de décembre 1263, Henri approuva l'aumône faite à l'abbaye du Paraclet par
   Anseau, son père, et Sibille, sa mère, pour leur anniversaire (n° 260) ; il épousa Jeanne de Melun, fille du
   vicomte Adam III, et était mort avant 1281 (n° 274).
   Il fut enterré à Vauluisant. Son fils Henri II lui succéda.

HENRI II, seigneur de Traînel et de Villeneuve-aux-Riches-
   Hommes. — Henri II de Traînel succéda à son père,
   Henri Iᵉʳ, mort avant 1281. Le 25 mai 1306, un ar-

rêt du Parlement de Paris le condamna à recevoir
l'hommage de Gille Grange (n° 284); vers 1309
(n° 285), il vendit au chapitre de la cathédrale de
Troyes la terre de Fontaine-Fourche (Seine-et-Marne)
et de Courceaux (Yonne). Nous croyons qu'il était
mort en 1314. Henri, son fils, lui succéda.

HENRI III, seigneur de Traînel et de Villenéuve-aux-Riches-
Hommes. — En 1314, Henri de Traînel, sire de Villeneuve, fait partie de l'association des nobles de Champagne et de Vermandois, pour résister aux impositions
que le roi Philippe voulait lever sur eux (n° 288). Au
mois de mars 1315, Louis-le-Hutin, à la requête de
Henri III de Traînel, amortit des biens vendus au chapitre de la cathédrale de Troyes par son père Henri II,
et situés à Fontaine-Fourche (n° 289).

VII. Dreux Ier, seigneur de Traînel.

A partir de 1229, un des membres de la branche cadette de Marigny, Dreux Ier, second fils de Garnier III,
prend invariablement le titre de seigneur de Traînel (n° 219);
son frère aîné, Garnier IV, s'intitule seigneur de Marigny, et le troisième fils de Garnier III, Anseau, s'intitule seigneur de Voisines et de Gérane. Dès l'an 1235, au
mois de mai, Dreux et sa femme *Béatrix* abandonnent à
l'abbaye de Scellières la grange appelée le Clos, à Bouy-sur-
Orvin (n° 224); jusqu'au mois de mars 1268, époque à
laquelle Dreux Ier disparaît, il fit de nombreuses largesses
aux abbayes du Paraclet et de Scellières, et scella un grand
nombre d'actes (n°s 225, 226, 228-230, 233, 234, 245-
250, 254, 256, 259, 262, 268). Dreux Ier était mort en
1272, il eut pour successeur son fils Dreux II.

Le sceau de Dreux Ier est décrit au n° 238.

VIII. Dreux II, seigneur de Traînel.

Dreux II de Traînel, fils et successeur de Dreux Ier, vend,
le 9 juillet 1272 au comte de Champagne Henri III, une
rente de 100 livres de Provenisiens forts. Dreux est appelé

damoiseau (n° 269). En 1287, il prétendait à l'eschoite de Jean d'Esternay (n° 277). Dreux avait épousé *Jeanne de Saint-Urbain,* morte en 1287; lui-même mourut en 1311, au mois d'avril. Tous deux furent enterrés à Vauluisant.

IX. Dreux III, seigneur de Traînel.

En 1314, Dreux III, sire de Traînel, fait partie de l'association des nobles de Champagne et de Vermandois, pour résister aux impositions que le roi Philippe voulait lever sur eux (n° 288). Il mourut le 31 juillet 1318 et fut enterré à Vauluisant.

X. Jean, seigneur de Traînel.

Au mois de novembre 1330, Jean est désigné seigneur de Traînel, chevalier, conseiller et chambellan du roi; il reçoit une gratification du roi, en reconnaissance des services qu'il avait rendus dans les guerres (n° 290). Il épousa Marie de Brabançon (n° 307, 308). En 1337, le samedi après la Fête-Dieu, Jean accompagne le duc de Brabant à Valenciennes, pour assister aux funérailles du comte de Hainaut (n° 293). Au mois d'octobre 1346, il se trouve à Compiègne à la *Bataille du roi* (n° 297). En 1350, à l'Octave de la Saint-Jean, il fait partie des seigneurs qui tiennent l'échiquier de Normandie (n° 298). Il reçoit, au mois de mai 1351, une rente à vie de 400 livres sur le trésor royal (n° 299). Avant le 16 juillet 1355, Jean de Traînel avait reçu l'office de grand pannetier de France (n° 300). Les autres actes de Jean de Traînel sont sous les n° 291, 294, 301. Il mourut avant 1360, étant en contestation avec *Oudard de Traînel,* son parent, au sujet de la terre de Traînel (n° 302). Marie de Brabançon vivait encore en 1367 (n° 308). Jean et Marie laissèrent deux filles : *Marguerite de Traînel* et *Eustache de Traînel* (n° 304). Le sceau de Jean de Traînel est décrit n° 296.

XI. Marguerite de Traînel. — Eustache de Traînel.

Depuis longtemps, nous assistons à l'aliénation des fiefs de la seigneurie de Traînel; ce démembrement va continuer sous les filles de Jean de Traînel. Nous ne savons pas quelle fut l'issue de leur procès avec Oudard de Traînel, et si cet Oudard transmit une partie de la seigneurie de Traînel.

1. *Marguerite,* fille aînée de Jean de Traînel, épousa Robert de Châteauvillain, seigneur de Baye et de Vaucler, qui prit le titre de Traînel. Robert était mort en 1364 et, au mois d'octobre de cette année, Marguerite, *dame de Traînel et de Vaucler,* vendait au roi la ville et prévôté de Vauchassis, et tous ses droits à Laines-aux-Bois, à Prugny et à Villarcel (n° 305). En 1364, le 16 mai, Marguerite et son fils, Jean de Châteauvillain, abandonnent à Guillaume de Melun, archevêque de Sens, par contrat d'échange, la maison et forteresse de La Motte-Tilly-sur-Seine (n° 307). Dans cet acte, Jean de Châteauvillain prend le titre de seigneur de Baye, de Traînel et Vaucler. Il mourut peu de temps après, sans enfants. Marguerite, sa mère, lui survécut. Lorsque Jeanne de France, fille du roi Philippe de Valois, partit pour l'Aragon, Marguerite fut choisie pour l'accompagner (n° 310). Le dernier acte où nous voyons figurer Marguerite de Traînel est du 3 avril 1380 (n° 315). Le sceau de Marguerite de Traînel est décrit n° 310. Outre Jean de Châteauvillain, Marguerite de Traînel avait eu, de Robert de Châteauvillain, deux filles : *Marie* qui épousa Gaucher de Conflans (n° 312); et *Béatrix* qui eut pour mari Colard du Bouchon et ensuite Jean de Châtillon.

2. *Eustache,* fille cadette de Jean de Traînel, épousa Henri, seigneur de Chastel-les-Nangis, Esternay et Migennes (n° 311). Elle vivait encore en 1401 et accorda cette

année des franchises à ses hommes de Migennes (n° 317).
En 1364, une partie du domaine de Traînel appartenait
aux maisons alliées de *Mornay* et de *l'Isle* (n°ˢ 306, 316,
319.)

Vers le commencement du xvᵉ siècle disparaissent les
seigneurs de Traînel. Dès l'an 1412, *Jean Jouvenel des
Ursins*, avocat du roi, était principal seigneur de Traînel
(n°ˢ 318, 320). D'après son épitaphe qui se lisait dans la
chapelle des Cordeliers de Troyes, il est nommé baron de
Traînel; il mourut à Poitiers, le 1ᵉʳ avril 1431, jour de
Pâques (1).

Le dernier des Ursins, seigneur de Traînel, est François
Jouvenel II du nom, marquis de Traînel, baron de Neuilly,
seigneur de la Chapelle, qui mourut à Paris, le 9 octobre
1650, âgé de 81 ans, après avoir substitué son nom,
ses armes et ses biens à François de Harville, son petit-
neveu.

§ II. — Seigneurs de Pont-sur-Seine.

TRAÎNEL. — PONT.

I. Ponce Iᵉʳ, dit l'Ancien, seigneur de Pont et de Traînel.

(Voir le catalogue des seigneurs de Traînel, n° II.)
Ponce eut pour successeur, dans la seigneurie de Pont,
le second de ses fils, Garnier.

II. Garnier Iᵉʳ, dit l'Ancien, seigneur de Pont et de Traînel.

Garnier Iᵉʳ, fils de Ponce Iᵉʳ et de Caravicina (n° 2), fit
en 1095 un acte de piraterie qui attira sur sa tête l'excommunication du Pape. Urbain II, par ses lettres du 15 sep-

---

(1) Arnaud. *Voyage Archéologique*, p. 110, *note*.

tembre, avait invité Lambert, évêque d'Arras, à se rendre
au concile de Clermont, qui devait s'ouvrir le dimanche
18 novembre (n° 2). Lambert, parti d'Arras le dimanche
28 octobre, passa par Provins, dont il sortit le 6 novembre ; le même jour, il fut fait prisonnier avec sa suite et ses
bagages, par Garnier. Philippe de Pont, évêque de Troyes,
frère de Garnier, ayant été immédiatement averti de cet
attentat, adressa à son frère de sévères remontrances, et le
9, dès l'aube du jour, Garnier demandait pardon à son
prisonnier, et le faisait escorter par ses gens, jusqu'à
Auxerre. L'évêque d'Arras arriva au concile le jour même
de l'ouverture. Cependant le Pape, qui avait eu connais-
sance de sa captivité par un émissaire, avait sans retard
adressé des lettres à Garnier, lui enjoignant de relâcher son
prisonnier, sous peine d'excommunication encourue *ipso
facto*. Le Pape écrivait en même temps à Richer, archevêque de Sens, pour le charger de fulminer la sentence
(n°s 4 et 5). En 1096 au plus tard, Garnier donna à l'abbaye de Cormery l'église de Sainte-Marie de Traînel (n° 7).
Vers 1108, il donna l'église de Planty à l'abbaye de Molême (n° 10). En 1110, il fonda le prieuré de Saint-Hilaire, dans la paroisse du même nom (n° 11).

Il paraît que les enfants de Garnier Ier sont :

PONCE, qui suit.

GARNIER, qui fut évêque de Troyes, de 1193 à 1205 (n° 136);
il était chanoine en 1183 (n° 120). Garnier et Gui sont
appelés frères (n°s 120, 144).

GUI GATEBLÉ.

III. Ponce II, dit le Jeune, seigneur de Pont et de Traînel.

Ponce est nommé, tantôt seigneur de Pont, tantôt seigneur de Traînel et neveu de Philippe Milon, évêque de
Troyes. Ponce parut à la cour de Hugues, comte de Champagne, dès l'an 1100 ; en 1104, il accompagna le comte à

2

la croisade (nᵒˢ 8 et 9). En 1106, il fixa sur lui l'attention publique par un mariage scandaleux avec Mathilde, fille de Hugues le Blanc ; ce mariage fut déclaré nul par les juges délégués par le légat Brunon qui prêchait la croisade en France, en 1106 (nᵒ 6). Probablement que Ponce de Traînel vivait encore en 1146.

Nous avons dit que vers le milieu du XIIᵉ siècle, avant 1170, la châtellenie de Pont-sur-Seine était réunie au comté de Champagne.

§ III. — Seigneurs de Marigny.

I. — TRAINEL. — MARIGNY.

I. Garnier II de Traînel, dit le Jeune, seigneur de Marigny.

Garnier II était le second fils d'Anseau Iᵉʳ de Traînel et d'Hélissende, et frère d'Anseau II le bouteillier. La vie de Garnier II, seigneur de Marigny, nous est connue à partir de 1145 par nos chartes nᵒˢ 17, 19, 21, 22, 27, 28, 31, 32, 34, 35, 41, 42, 45, 51, 56, 70, 78, 85, 87, 89, 91, 93, 94, 95, 96, 98, 100, 105, 107, 109, 110, 112, 114, 116, 121, 123, 125, 126, 127, 129, 132, 134, 135, 137.

Garnier II de Traînel est témoin trente-cinq fois dans les chartes du comte Henri-le-Libéral de 1152 à 1179. Après la mort du comte, on retrouve Garnier de Traînel en 1181 et 1182 auprès de la comtesse Marie (1).

Garnier II de Traînel se croise à Vézelai le 31 mars, jour de Pâques 1146 (nᵒ 22) ; il dut revenir avec le comte de Champagne, vers le commencement de l'année 1149. En 1175, il était sénéchal du comte de Nevers (nᵒ 94) ; en 1179, il est guéri miraculeusement à la fontaine de Saint-

---

(1) Cfr. *Histoire des Comtes de Champagne*, t. III, p. 142.

Vinebaud (n° 109) ; en 1188, il fonde le prieuré de Marigny, où il place des chanoines de Saint-Loup de Troyes (n° 129).

Garnier II, qui vivait encore en 1194, meurt cette année même ; Garnier III, pour le repos de l'âme de son père, fait remise à l'évêque de Troyes d'un droit de régale (n°s 137, 143). Il fut enseveli à l'abbaye de Vauluisant (cfr. *Inscriptions* n° VII). Il est marqué à l'obituaire, le III des nones de septembre, ainsi qu'au 31 décembre.

Enfants de Garnier II de Traînel, seigneur de Marigny :

1. GARNIER III de Traînel, seigneur de Marigny, qui continua la lignée.

2. HÉLISSENDE, mariée à Clarembaut de Chappes (Aube), apparaît dans plusieurs actes de 1189 à 1217, au mois de juin (n°s 121, 133, 188).

3. GILE ou JULIE, mariée à Hugues de Vergy, figure dans nos chartes, à partir de 1179 jusqu'à 1224 (n°s 109, 121, 133). Elle était veuve en 1212, au mois de juin, et dame d'Autrey, par douaire (n°s 181, 182, 188, 203).

4. AGNÈS DE MARIGNY, dame de Resson (Aube). Elle se fit converse au Paraclet, au plus tard en 1194. Elle eut pour enfants : 1° THIBAUT DE MARIGNY, mort jeune, et dont la femme s'appelait Lethuise ; 2° ANSEAU DE MARIGNY (n° 140).

5. *Une sœur* d'Agnès de Marigny fut mariée à Hardouin de Méry : ils eurent pour enfants 1° GAUTHIER. C'est probablement Gauthier de Marigny qui devint archidiacre de Troyes, et que l'évêque Garnier de Traînel appelle *consanguineus noster* (n°s 140, 141) ; 2° MANASSÈS ; 3° une fille nommée EUPHÉMIE, qui fut religieuse du Paraclet (n°s 138, 140).

II. Garnier III de Traînel, seigneur de Marigny.

Il est fils de Garnier II et apparaît dans nos chartes de l'an 1179 à 1217 (n°s 109, 135, 143, 151, 161, 163, 164,

167, 172, 173, 177, 180, 183, 184, 186, 187, 189, 190). Garnier III, en avril 1198, à Melun, fut caution de la foi jurée par le comte de Champagne, Thibaut III, lorsqu'il fit hommage-lige à Philippe-Auguste (n° 151). Au mois de mai 1201, Garnier III servit encore de caution à Blanche de Navarre, veuve de Thibaut III, lorsqu'elle promit à Philippe-Auguste de ne pas se remarier sans son consentement (n° 163). Garnier est du nombre des barons et des vavasseurs qui, en 1212, avec la comtesse Blanche, font le célèbre règlement 1° sur le partage des fiefs entre les filles, à défaut d'héritiers mâles, 2° sur le duel judiciaire (n° 179). Au mois de novembre 1213, à Chartres, Garnier est garant de la promesse de Thibaut, comte de Blois, au sujet des conventions arrêtées entre le roi Philippe-Auguste et la comtesse Blanche (n° 184).

En 1206, il était marié à *Agnès de Mello* (n°s 172, 187).

Garnier III meurt après le 17 octobre 1217 ; ses exécuteurs testamentaires sont les chevaliers Pierre de Bouy-sur-Orvin et Henry de Mauny, seigneur de Thorigny, avec Gauthier, abbé de Vauluisant (n°s 191, 192, 193).

Enfants de Garnier III et d'Agnès de Mello :

1. GARNIER IV, dont nous allons parler.

2. DREUX DE TRAINEL (nous en avons parlé plus haut) : Trainel (VI).

3. ANSEAU DE VOISINES. — Anseau V de Traînel, seigneur de Voisines, commence à figurer dans nos chartes, à partir de janvier 1229 (n° 219); en 1230, il épousa Mathilde de Melun, fille du vicomte Guillaume II (n° 222); au mois de novembre 1236, il vend à l'abbaye de Scellières le pré Fresnoy, sur le finage de Courceroy (n° 227); au mois de mars 1246, à Vincennes, en présence de Louis IX, il s'oblige comme garant pour les enfants de Marguerite de Flandre et de Guillaume de Dampierre (n° 238); au mois d'août 1248, il est maréchal de Champagne et seigneur de Lézinnes; ses on-

cles maternels, Dreux et Guillaume de Mello, lui donnent le village de Soligny-les-Etangs (Aube). Dès l'an 1259, Anseau avait épousé, en secondes noces, Agnès, fille de Guillaume II de Mont-Saint-Jean (n° 253). Dès l'an 1263, Anseau était connétable de Champagne ; le comte Thibaut, au mois d'octobre, partant pour la Navarre, lui laissa le gouvernement de la Champagne (n° 258); au mois d'avril 1254, Anseau était remplacé dans les fonctions de connétable (1).

Anseau VI de Trainel. — Nous trouvons la veuve d'Anseau V, Agnès et son fils Anseau VI de Traînel, dans deux actes du mois d'avril 1268 (n° 269). Anseau VI de Traînel, seigneur de Voisines et de Soligny-les-Etangs, est en procès avec le roi, en 1290 (n° 279) ; il est caution de Jean de Chappes, la même année. En 1295, le dimanche après l'Epiphanie, il figure parmi les barons de la crosse, chargés de porter les archevêques de Sens, le jour de la prise de possession (n° 281). En 1337, au plus tard, Anseau qui vivait encore, vend à l'archevêque de Sens plusieurs biens qu'il possédait à Saint-Maurice (n° 292).

4. Guy, doyen de Laon, mort en 1245, évêque nommé de Verdun (n°s 223, 225, 230, 235, 236, 238, 239). Le sceau de Gui de Traînel fait partie de la collection de M. l'abbé Coffinet, chanoine de la cathédrale de Troyes. (Petit sceau en argent, de forme ovale, représentant deux oiseaux béquetant une plante, avec cette légende : *Sigillum Guidonis de Triangulo canonici Laudunensis*).

5. Adélaïde de Trainel, mariée à Ponce V de Polignac en 1226, le 26 octobre (n° 200). Marquée, au 16 août, dans l'obituaire du Paraclet.

6. Elisabeth, morte en 1225 (n° 207). Marquée, au 8 juin, dans l'obituaire du Paraclet.

III. Garnier IV de Traînel, seigneur de Marigny.

Garnier est encore qualifié de damoiseau le 4 octobre 1220 (n° 195). Il est nommé seigneur de Traînel en

---

(1) *Histoire des Comtes de Champagne*, t. IV, p. 460.

avril 1221 (n° 196); en 1225, il fonde une prébende à Saint-Nicolas de Martroy, à Provins; dans cet acte, il prend le titre de seigneur de Ramerupt, du chef de sa femme Hélissende, veuve de Thomas, comte du Perche, et fille de Hugues, comte de Réthel, et de Félicité de Broyes-Beaufort, dame en partie de Ramerupt (n° 205). Au mois d'août 1226, Garnier et Hélissende vendent aux Templiers tout ce qu'ils possèdent en granges, maisons, justice, à Belleville, près de Marigny (n° 208). Le 25 décembre de la même année, Garnier assigne à sa femme Hélissende 160 livrées de terre à Esternay (n° 209). Au mois de juillet 1227, Erard de Brienne, seigneur de Ramerupt, cède à Garnier et à Hélissende Saint-Mards et Maraye-en-Othe, en échange de la moitié de Ramerupt; et Garnier fait hommage au comte de Champagne (n°ˢ 211, 212). Le 31 janvier 1228, Garnier, gêné dans ses finances, engageait pour trois ans, entre les mains d'Eudes Chabot de Sienne, ses revenus de Saint-Mards et de Maraye-en-Othe (n° 214). Au mois d'août de la même année, il vend à la comtesse Blanche et à ses associés douze cents arpents de bois (n° 216). Au mois de janvier 1230, le comte Thibaut IV donne à Garnier en fief et hommage-lige ses hommes de corps et ses rentes de blé à Esternay (n° 220). Garnier figure parmi les seigneurs qui, au mois de mars 1246, à Vincennes, en présence du roi, s'obligent comme garants pour les enfants de Marguerite de Flandre et de Guillaume de Dampierre (n° 238). Les autres actes de Garnier IV se trouvent aux n°ˢ 210, 213, 217, 219, 225, 228, 230, 232, 237, 242.

Garnier IV était mort dès le mois de juillet 1256 (n° 251); il eut pour fils et successeur *Garnier V.*

IV. Garnier V de Trainel, seigneur de Marigny.

Au mois de juillet 1256, Garnier approuve le testament

de son père, en faveur de l'abbaye de Scellières (n° 251).
Au mois d'août 1261, il fonde, au prieuré de Foissy, près
Troyes, l'anniversaire de sa mère Hélissende (n° 255). Il
vivait encore au mois de juillet 1266 (n° 263) ; mais le 10
novembre 1267, sa veuve Erambor d'Epoisses (1), dame de
Marigny, s'engage à payer les dettes de son mari (n° 264),
et en 1268, exécute diverses clauses de son testament
(n°ˢ 255, 256).

Garnier V de Traînel laissa d'Erambor d'Epoisses trois
filles : *Agnès, Marie* et *Marguerite*.

V. Agnès, Marie et Marguerite, dames de Marigny.

Marguerite de Traînel, dame en partie de Marigny, était
morte sans enfants, dès l'an 1277 (n° 271).

Marie, dame de la Grève, faisait hommage, en 1277, à
Jean de Nanteuil, évêque de Troyes (n° 275) ; elle était en
difficulté avec lui en 1280, ce procès fut terminé en 1281,
octave de Saint-Martin, par le Parlement de Paris (n°ˢ 275,
276). Marie étant morte sans enfants, son héritage retour-
nait à sa sœur Agnès (n° 285). Elle est marquée au 28
avril, dans l'obituaire du Paraclet.

Agnès était mariée avant l'année 1277 à Poincet, de la
maison de Thil en Auxois, et portait dans cette maison un
tiers de la seigneurie de Marigny (n° 271).

II. — THIL. — MARIGNY.

(A partir de cette époque, les seigneurs de Marigny ces-
sent d'habiter le château de Marigny).

---

(1) Epoisses, département de la Côte-d'Or, canton de Semur. Le
château fort d'Epoisses fut reconstruit au XIVᵉ siècle. C'est à cette
époque que remontent les parties les plus anciennes du château ac-
tuel, appartenant encore, comme au temps de madame de Sévigné,
à la famille de Guitaut.

VI. Poincet, seigneur de Thil et de Marigny.

En 1277, Poincet fait hommage à l'évêque de Troyes d'une partie de la seigneurie de Marigny, qu'il possédait du chef de sa femme Agnès, après la mort de Marguerite de Marigny (n° 271). A la mort de Marguerite et de Marie, Poincet se trouva, du chef de sa femme, seul seigneur de Marigny. Poincet et Agnès vivaient encore en 1279 (n° 273) ; ils eurent pour fils *Guillaume.*

VII. Guillaume, seigneur de Thil et de Marigny.

Guillaume épousa *Isabeau,* fille de Jean, comte de Grandpré (n° 285). Au mois de janvier 1303, il est qualifié *sire de Thil et de Marigny, écuyer* (n° 283). En 1312, du consentement d'Isabeau, sa femme, il vend à Louis-le-Hutin, fils aîné du roi de France, comte de Champagne, une partie des biens provenant de sa mère Agnès et de ses tantes, Marguerite et Marie (n° 285). Ces aliénations continuent en 1313 (n° 286). L'an 1314, le seigneur de Marigny faisait partie de l'association des seigneurs formée pour résister à la cupidité de Philippe-le-Bel (n° 287).

Guillaume eut pour fils et successeur *Jean* (n° 294).

VIII. Jean Ier, seigneur de Thil et de Marigny.

Jean épousa en premières noces *Agnès de Frolois.* En 1342, il était conseiller du roi ; et connétable de Bourgogne, au mois de janvier 1346. Il avait alors perdu sa première femme et avait pris, en secondes noces, *Jeanne, dame de Châteauvillain,* fille de Jean III de Châteauvillain (n° 294). Jean porta dans la maison de Châteauvillain la seigneurie de Marigny. Il était mort avant 1355, ayant eu, de Jeanne de Châteauvillain un fils nommé *Jean :* c'est Jean II de Thil, plus connu sous le nom de Jean IV de Châteauvillain.

III. — CHATEAUVILLAIN. — MARIGNY.

IX. Jean IV, seigneur de Châteauvillain, Thil, Marigny, Grancey.

Jean IV fut seigneur de Thil et de Marigny, par son père, Jean Ier de Thil, et seigneur de Grancey, par sa femme Jeanne de Grancey (1) ; après la mort de sa mère, Jeanne de Châteauvillain, il prit le titre et les armes de Châteauvillain. Jeanne de Châteauvillain conserva en douaire, jusqu'à sa mort, entre autres terres, celles de Châteauvillain et de Marigny, comme on le voit, par l'hommage qu'elle fit, le 2 mai 1362, à Henri de Poitiers, évêque de Troyes (n° 302). Jeanne s'étant remariée, en quatrième noces, à Enguerrand d'Eudin, ce dernier faisait hommage, vers 1370, à l'évêque de Troyes, de la terre de Marigny avec Jean IV : Enguerrand comme mari de Jeanne et Jean comme héritier de Marigny (n° 308). En 1374, au mois de janvier, Enguerrand d'Eudin, à cause de sa femme, s'intitule seigneur de Châteauvillain et de Marigny (n° 313). Jeanne de Châteauvillain était morte en 1397 ; Jean IV de Châteauvillain vivait encore en 1411 (2). Il eut trois enfants : *Guillaume, Bernard* et *Marie.*

X. Bernard, seigneur de Châteauvillain, Grancey, Thil, Marigny.

Bernard était le second des fils de Jean IV de Châteauvillain ; il reçut d'abord en partage les terres de Thil et de Marigny, puis en 1439, après la mort de son frère aîné, Guillaume de Châteauvillain, il lui succéda comme seigneur de Châteauvillain et de Grancey (3). Bernard épousa *Jeanne de Vé.* En 1314, Bernard et Jeanne, par contrat d'échange, transportaient, du consentement de leur fils

---

(1) Duchesne. *Histoire de la maison de Châteauvillain*, p. 69.
(2) *Ibid.*, p. 70.
(3) *Ibid.*, p. 77.

Jean V, moitié de la forteresse de Marigny et 80 livres tournois de rente annuelle à Guillaume de Marcilly, écuyer, et Isabelle de Guerchy, sa femme (n° 320).

XI. Jean V, seigneur de Châteauvillain, Grancey, Thil, Marigny.

Jean V succéda à Bernard comme seigneur de Marigny. Dès l'an 1431, il était marié à *Jeanne de Villiers-Sexel;* le 13 mai 1441, il consentait à l'échange d'une partie de la seigneurie de Marigny, et dans cet acte il est dit seigneur de Marigny (n° 320). Dès l'an 1443, Jean V avait épousé en secondes noces *Louise Rollin*, fille de Nicolas Rollin, chevalier, chancelier de Bourgogne. En 1444, il fait hommage de la terre de Marigny à Jean Léguisé, évêque de Troyes (n° 321). Le 18 mars 1446, il demande au chapitre de la cathédrale de Troyes réduction d'une rente que le chapitre percevait sur la terre de Marigny (n° 322).

Dans le cours de cette année, ou au commencement de l'année suivante, la seigneurie de Marigny passa de la maison de Châteauvillain à la famille des Ursins : le mercredi 18 novembre 1447, le chapitre de la cathédrale de Troyes décide qu'il faut écrire au chancelier du roi, *Guillaume Jouvenel des Ursins, nouveau seigneur de Marigny*, au sujet de la rente que le chapitre percevait sur la terre de Marigny, car un différend au sujet de cette rente existait entre le chapitre et *Jean V de Thil, dernier seigneur de Marigny.*

————

Nous terminons ici notre catalogue des anciens seigneurs de Marigny.

La seigneurie de Marigny, après avoir demeuré environ 300 ans successivement, à peu près à parties égales, dans les trois maisons de Traînel, Thil et Châteauvillain, était réunie de nouveau en 1447 à la seigneurie de Traînel, dans la maison des Ursins.

————

SECONDE PARTIE

—▸◂—

PREUVES

—

§ I. — Chartes et autres pièces.

1062-1089.

1. — Déodat de Trainel figure parmi les seigneurs, témoins du privilége accordé au chapitre de Saint-Quiriace de Provins, par Richer, archevêque de Sens, sur la demande de Thibaut Ier, comte de Champagne.

    (*Docum. histor. inéd. tirés de la Bibliot. royale*, t. I, p. 490.)

1079, juin.

2. — Ponce, *dominus Pontis castri* (Pont-sur-Seine), donne à l'abbaye de Cormery l'église *de Stabulis*, dans l'ancien diocèse de Sens (c'est l'église des Tables de Traînel, Aube, dédiée à Saint-Gervais), pour y établir un prieuré. A cet effet, Ponce remit volontiers l'église de Traînel entre les mains de Richer, archevêque de Sens, du consentement de son épouse, Caravicina, et de leurs enfants, Anseu, Garnier et le troisième Philippe, qui s'appelle aussi Milon (et qui sera plus tard évêque de Troyes).

    (*Gallia Christ.*, t. XII, Instr. col. 14.)

1083-1121.

3. — Philippe ou Milon de Pont-sur-Seine, évêque de Troyes.

    (*Gallia Christ.*, t. XII, col. 496.)

1095, 17 novembre au plus tard.

4. — Lettres du pape Urbain II à Garnier, fils de Ponce, seigneur de Pont-sur-Seine et de Traînel. Le pape lui ordonne, sous peine d'excommunication encourue *ipso facto*, de mettre en liberté Lambert, évêque d'Arras, qu'il avait saisi avec ses bagages et sa suite.

    (Migne. *Patrol. Lat.*, t. CLI, col. 429.)

5. — Lettres du pape Urbain II à Richer, archevêque de Sens, pour le charger de notifier à *Garnier de Pont-sur-Seine* l'ordre apostolique renfermé dans les lettres précédentes adressées à Garnier lui-même.

(Ibid. Patrol. Lat., col. 430, cfr. sup. n° 4.)

1106.

6. — PONCE LE JEUNE, neveu de l'évêque de Troyes, ayant épousé par force Mathilde, fille de Hugues le Blanc, Mathilde qui avait été donnée par ses parents à Galéran, chambrier du roi, en appela à l'évêque Brunon, légat du pape en France. Cette affaire ayant été entendue plusieurs fois, le mariage de Ponce fut déclaré nul, et Mathilde libre de se marier avec qui elle voudrait.

(Ivon. ep. CLXVI Humbaldo, ep. Antissiod.)

1096, au plus tard.

7. — Du temps de l'archevêque Richer de Sens, GARNIER, fils de Ponce l'Ancien, donne à l'abbaye de Cormery l'église de Sainte-Marie de Traînel, dont le curé sera à la présentation du prieur de Saint-Gervais de Traînel, dépendant de l'abbaye de Cormery. La mention de cette donation se trouve dans une charte, sous le sceau Daimbert, archevêque de Sens, 1102.

(Cartul. Cormery, p. 106.)

1100, au plus tard.

8. — PONCE, *de Pont-sur-Seine*, figure parmi les seigneurs témoins de la donation des coutumes de Rouilly-Saint-Loup, faite à l'abbaye de Laint-Loup de Troyes, par le comte Hugues.

(Archiv. Aube, Origin. Saint-Loup.)

1104.

9. — Molême. PONCE, *seigneur de Traînel*, fait partie des barons qui accompagnent Hugues, comte de Champagne, à l'abbaye de Molême. Le comte partait pour la croisade.

(D. Achery. Spicileg., in-4°, t, IV, p. 241-243.)

Vers 1108.

10. — Troyes, le jour de l'Epiphanie. *Philippe de Pont*, évêque de Troyes, donne à l'abbaye de Molême l'église de Planty, après l'avoir retirée des mains de *Garnier, seigneur de Pont*, son frère, qui la tenait en fief (*nefas!* dit Philippe).

(1er Cartul. Molême, fol. 39 v°.)

1110.

11. — GARNIER, *seigneur de Pont et de Traînel*, et PHILIPPE, évêque de Troyes, fondent le prieuré de Saint-Hilaire (Aube). L'évêque de Troyes appelle Garnier *consanguineus meus illustris vir Garnerius, Pontium et Trianguli dominus.*

(*1er Cartul. Molême,* fol. 89 ro).

Vers 1114.

12. — ANSEAU, *seigneur de Traînel,* amène les trois neveux d'Anseau de Bernières, archidiacre de Troyes, puis religieux de Molême, à consentir à la donation faite à l'abbaye de Molême par leur oncle, et ayant pour objet tout ce qu'il possédait à Gumery (Guitmeriaco) ; sous le sceau de Daimbert, archevêque de Sens.

(*1er Cartul. Molême,* fol. 48 vo.)

1127.

13. — ANSEAU DE TRAINEL et GARNIER, son frère, avec *Eudes de Villemaur* et *Milon de Nogent-sur-Seine,* étant réunis à Montiez, contribuent à la fondation de l'abbaye de Vauluisant.

(*Gallia Christ.*, t. XII, Instr. Sens, no XXVII.)

1129 (v. st.), 1er avril.

14. — Vauluisant, le jour de la bénédiction du monastère. Colombe, femme de Hugues d'Eglény, donne par les mains de Henri, archevêque de Sens, aux religieux de l'abbaye de Vauluisant, toute la dîme qui lui appartient sur les terres que les dits religieux cultivent de leurs propres mains, ou font cultiver, sur le territoire de Courgenay (Yonne). Garnier, fils de dame Colombe, avait accordé cette dîme *quelque temps auparavant,* en présence d'*Anseau de Traînel,* à Villemaur.

(*Cartul. Vauluisant,* fol. 49 ro.)

1129 (v. st.), 1er avril.

15. — ANSEAU DE TRAINEL est témoin de la donation faite par Foulques de Lailly et Marie, sa femme, entre les mains de Henri, archevêque de Sens, à l'abbaye de Vauluisant, le jour de la bénédiction du monastère. Foulques et sa femme abandonnent aux religieux de Vauluisant la dîme de toutes les terres qu'ils pourront cultiver ou faire cultiver sur la paroisse de Lailly (Yonne).

(*Archiv. Yonne. Origin. Vauluisant*).

1131.

16. — ANSEAU, *seigneur de Traînel,* contribue à la seconde fondation de l'abbaye d'Andecies (Marne). Il donne à l'abbaye : 1º la grosse dîme de *Chemines* (Echemines, Aube); 2º tout droit d'acquérir librement sur ses terres ; 3º il approuve comme suzerain la donation de la grange de Soissy, faite à l'abbaye par Guy, chevalier de Saint-Mesmin.

(*Gallia Christ.,* t. X, Instr. col. 166, E).

1145.

17. — ANSEAU DE TRAINEL abandonne toute prétention sur les femmes libres de la rivière de l'Ardusson qui, à l'avenir, se marieront avec les hommes de l'abbaye de Saint-Loup de Troyes. *Hélissende,* femme d'Anseau, et leurs enfants *Anseau* et *Garnier,* consentent à cet accord.

(*Cartul. Saint-Loup,* fol. 23 rº et 41 rº.)

Avant le 16 décembre 1145.

18. — HENRI *de Pont-sur-Seine* donne au prieuré de Foissy, près de Troyes, un muid de froment et un muid de mouture, dans son moulin de Pont.

(*Bulle du pape Eugène* III, Archiv. Aube. *Origin. Foissy.*)

1146, au plus tard.

19. — Fondation du prieuré de Sainte-Marie-Madeleine de Traînel, dépendant de l'abbaye du Paraclet. Hugues, archevêque de Sens, présent à Traînel le jour de l'entrée des religieuses, leur remet la clef de l'église de Sainte-Madeleine et les confie aux soins de la charité d'*Anseau, seigneur de Traînel;* il confirme aussi, comme suzerain, plusieurs biens donnés à ces religieuses par le même Anseau, en présence d'Anseau, de sa femme et de ses enfants, de Manassès de Garlande, archidiacre de Sens. (Manassès était évêque d'Orléans à la fin de 1146).

(Archiv. Aube, *Origin. Paraclet.*)

1146.

20. — Au prieuré de Sainte-Marie-Madeleine de Traînel. Accord entre Norpand, abbé de Vauluisant, et Héloïse, abbesse du Paraclet, au sujet des biens des deux abbayes, sis à Bagneux (Marne), Pont, Trancault, Laneret, Marcilly-le-Hayer, Planty,

Saint-Martin-de-Bossenay, Gelannes (Aube). Témoins : *Anseau, seigneur de Trainel, Garnier*, son fils, dame *Hélissende*, femme d'Anseau, et dame *Comtesse*, sœur d'Anselme.

(Cartul. Paraclet, fol. 128 v°.)

1146.

21. — PHILIPPE, fils de Thierry dit Boit-la-Seine *(Bibens Sequanam)*, donne à l'abbaye de Vauluisant tout ce qu'il possède sur le ruisseau de Lalain, entre Lailly et Courgenay. Cette donation est approuvée par *Anseau de Trainel*, comme suzerain, par sa femme *Hélissende* et leurs enfants *Anseau, Garnier* et *Garin*.

(Cartul. Vauluisant, fol. 45 r°.)

1146, 31 mars, jour de Pâques.

22. — Vézelai. Les principaux de la noblesse et du clergé ayant été rassemblés par le roi à Vézelai, pour la fête de Pâques, où Saint-Bernard devait prêcher la croisade, *Anseau II* et *Garnier II* de Trainel s'y trouvèrent et se croisèrent avec le jeune Henri, fils du comte Thibaut. Mais les préparatifs de guerre durèrent plus d'un an, et Louis VII ne sortit de Paris qu'après la Pentecôte, 8 juin 1147.

(Bouquet, t. XII, col. 126, AC, et 88, CD.)

1146.

23. — Saint-Florentin. *Ponce de Trainel*, qui avait précédemment donné aux moines de Prully sa terre de Cerilly, renouvelle cette donation.

(Cartul. Vauluisant, fol. 79 r°.)

1146.

24. — Etienne de Sormery et Guiard, son frère, *étant à l'entrée de la forêt d'Ervy*, le jour où Milon d'Ervy et ses chevaliers se croisèrent pour suivre le roi de France, ratifièrent la donation que leur père avait faite à Vauluisant, de tout ce qu'il possédait à Cerilly ; *Anseau de Trainel* fut témoin de cette donation.

(Archiv., Yonne, Orig. Vauluisant.)

1146.

25. — Foissy-sur-Vanne. Hugues de Vareilles donne à l'abbaye de Vauluisant tout ce qu'il possédait depuis Lailly jusqu'à

Courgenay, excepté la forêt de Lancy. Il confirme ensuite cette donation, en présence d'*Anseau de Traînel*, à Foissy-sur-Vanne.

(*Cartul. Vauluisant* fol. 45 r°.)

1146.

26. — Pierre, fils de Houdier de Sens, en partant pour la Terre-Sainte, donne à l'abbaye de Vauluisant tout ce qu'il possède sur le territoire de Courgenay. *Anseau de Traînel* approuve cette donation, en qualité de suzerain.

(*Cartul. Vauluisant*, fol. 46 v°.)

1146.

27. — Foulques de Lailly et Arthur, son gendre, donnent à l'abbaye de Vauluisant plein droit d'usage dans leur terre et leur bois de Lailly. Témoins : *Anseau de Traînel* et *Garnier*, son frère, *Anseau Gâteblé* (Vastans-Segetem), *Garnier de Foissy*...

(*Cartul. Vauluisant*, fol. 42 v°.)

1146.

28. — ANSEAU DE TRAINEL et GARNIER, son frère, sont témoins de la donation faite à l'abbaye de Vauluisant par Milon de Nogent, de tout ce que les religieux pourraient acquérir dans son fief de Courgenay. Milon ratifia cette donation avant de partir pour la croisade, et *Anseau de Traînel* fut de nouveau témoin, sous le sceau de Hugues, archevêque de Sens, et de Henri, évêque de Troyes.

(Archiv. Yonne, *Origin. Vauluisant*.)

1147 1er novembre.

29. — Bulle du pape Eugène III, adressée à Héloïse, abbesse du Paraclet, constatant qu'*Anseau de Traînel* donne à l'abbaye du Paraclet droit d'usage dans les bois de Courgivolt, de Pouy, de Marcilly-le-Hayer et dans tous ses autres bois.

(Archiv. Aube, *Origin. Paraclet.*)

1151, au plus tard.

30. — Accord entre le seigneur de Traînel et le chapitre de la cathédrale de Troyes, par lequel le seigneur de Traînel abandonne au chapitre, moyennant cent trente livres, ses prétentions sur Orvilliers, Saint-Georges, Vallant et jusqu'à la Seine. Cet accord est confirmé par une bulle du pape Eugène III, du 31 décembre 1151.

(Archiv. Aube, *Origin. Chapitre de la Cathédr.*)

1151.

31. — A Sens, en présence du roi Louis-le-Jeune. Charte de l'archevêque Hugues, par laquelle « ANSELMIUS DE TRIANNEL *et « fratres ejus,* GARNERIUS *et* GARINUS, » donnent à l'abbaye de Pontigny leurs droits dans le bois de Saint-Etienne, ainsi que sur les granges de Bœurs et de Chailly. « *Laudavit donum,* ELISSENDIS « *mater supradictorum fratrum.* »

(Archiv. Yonne, *Origin. Pontigny.* — *Gallia Christ.*, t. XII, col. 109, E.)

1151.

32. — Thibaut III, comte de Champagne, fait connaître que Hugues des Hanches donne à la léproserie des Deux-Eaux de Troyes tout ce qu'il possède à Pannetières, sur le finage de Pàlis, du fief des seigneurs de Trainel, *Anseau* et *Garnier.* Parmi les témoins : *Gaucher,* moine de Clairvaux, *oncle des seigneurs de Trainel.*

(Archiv. Aube, *Origin. Deux=Eaux.*)

1151 (v. st.), du 10 janvier au 29 mars 1152.

33. — ANSEAU DE TRAINEL est témoin dans la charte par laquelle le comte Henri-le-Libéral reconnaît qu'il ne peut mettre hors de sa main : 1° la garde de Chablis, 2° le droit de gîte une fois l'an, 3° le serment de fidélité des hommes de cette ville ; quoique Henri ait disposé en faveur d'Anséric de Montréal des revenus de la garde de Chablis.

(Teulet. *Layettes du Trésor des Chartes,* t. I, p. 68, n° 118. — Chantereau. *Preuv.* p. 3-4.)

1152.

34. — Eglise cathédrale de Meaux. ANSEAU et GARNIER DE TRIAGNEL (avec Eudes de Pougy et Anseau d'Onjon) figurent parmi les témoins dans la charte par laquelle Henri Ier, comte de Champagne, abandonne au Chapitre de Meaux son droit de vinage sur leurs vignes.

(*Hist. des Comtes de Champagne,* t. III, p. 441.)

1152-1181.

35. — Dans le 1er registre des *Feoda Campanie,* rédigé sous le règne de Henri-le-Libéral, on lit : « le seigneur de Traînel et son frère, tous deux hommes-liges du comte de Champagne. »

(Histoire des Comtes de Champ., t. II, append., p. IX.)

Vers 1153.

36. — Donzi. ANSEAU DE TRAINEL , par la faveur de Henri-le-Libéral, est fiancé à la fille de Geoffroi III, seigneur de Donzi. Geoffroi donna en mariage à sa fille le château de Neuilly-Saint-Front, et la moitié du bourg et de la seigneurie d'Oulchy, mais non le château qui appartenait au comte de Champagne. Anseau, en reconnaissance de cette libéralité, aurait payé à Geoffroi cinq cents livres et Henri-le-Libéral ratifia cette convention. La consommation de ce mariage ayant été renvoyée à une époque ultérieure, Geoffroi accorda la main de sa fille à Etienne, comte de Sancerre, frère de Henri-le-Libéral. Anseau de Traînel, ayant mis dans ses intérêts Hervé fils aîné de Geoffroi, Henri-le-Libéral et Louis VII lui-même, vint attaquer Geoffroi de Donzi qui abandonna à Anseau ce qu'il lui avait promis à Neuilly et à Oulchy, comme dommages et intérêts des cinq cents livres données par Anseau, et de l'insulte qu'on lui avait faite en lui enlevant sa fiancée. Environ quinze ans plus tard, Anseau céda ces biens à Henri-le-Libéral, en échange de la moitié du péage de Pont-sur-Seine et des portes de Provins (cfr. n° 189.)

(Bouquet, t. XII, fol. 128, B-C. — Voir surtout la déposition de Gui Gâteblé, ibid., *note*. — Gui Gâteblé fut témoin oculaire d'une partie de ces faits qu'il raconte en 1217 ; il était donc fort âgé.)

1153.

37. — ANSEAU DE TRAINEL est témoin dans la charte par laquelle Henri Ier, comte de Champagne, reconnaît que la procuration qui lui appartient à Saint-Martin-du-Tertre doit être payée par les hommes du lieu, et non par l'abbaye de Saint-Martin de Tours.

(Histoire des Comtes de Champ.; t. III, p. 443.)

38. — Lachy (Marne, canton de Sézanne). ANSEAU DE TRAINEL est témoin de la charte par laquelle le comte Henri-le-Libéral amortit les maisons et moulins de Saint-Ayoul et accorde aux religieux la justice de la ville et châtellenie de Provins, pendant les sept premiers jours de la foire de Saint-Ayoul.

(Bourquelot. *Hist. de Provins*, t. II, p. 380.)

39. — Vitry, dans le palais du comte. ANSEAU DE TRAINEL, bouteillier, est témoin de la charte par laquelle Henri, comte de Champagne, constate la transaction entre l'abbaye de Toussaints-en-l'Isle de Châlons-sur-Marne et Pierre de Frignicourt, au sujet des moulins de ce lieu.

(Archiv. Marne, *Cartul. Toussaints*, p. 27-28.)

1154.

40. — Provins. ANSEAU DE TRAINEL, bouteillier, est témoin de la charte par laquelle le comte Henri confirme à Pierre, abbé de Montier-la-Celle, près Troyes, toutes les donations faites à cette abbaye par ses ancêtres.

(*Docum. histor. extraits de la Bibliot. Royale*, t. II, p. 35.)

1155.

41. — Troyes. ANSEAU DE TRAINEL et GARNIER, son frère, sont témoins dans la charte par laquelle le comte Henri Ier, à la prière de Hélissende, prieure de Foissy, exempte de sa justice Guillaume Langlois, pour tout le temps que ce dernier résidera dans la maison des religieuses de Foissy, à Bar-sur-Aube.

(Archiv. Aube, *Origin. Foissy*.)

42. — Pont-sur-Seine. ANSEAU DE TRAINEL est témoin avec Ancher, prieur du Saint Sépulchre, dans la charte par laquelle le comte Henri abandonne au prieuré de Saint Sépulchre, à Samblières, aujourd'hui Villacerf (Aube), son droit de sauvement et d'avonerie sur les hommes de Chapelle-Vallon (les Petites-Chapelles, Aube).

Le roi Charles VI confirma cette charte au mois d'avril 1395.

(*Ordonnances des rois de France*, t. VIII, p. 1.)

1155-1202.

43. — MILON DE TRAINEL, fils d'Anseau Ier de Traînel et d'Elissende, fut élu abbé de Saint-Marien d'Auxerre, à l'âge de 32 ans, en 1155, et mourut le 17 mars 1202, fort honoré des souverains pontifes, des évêques, des rois et des princes.

(*Gallia Christ.*, t. XII, col. 473.)

1157.

44. — Troyes. ANSEAU DE TRAÌNEL est témoin dans la charte par laquelle le comte Henri Ier donne à l'abbaye de Clairvaux une forge à Vassy.

(Bibl. Troyes, *Cartul. Clairvaux*, p. 389.)

1158.

45. — Troyes. ANSEAU DE TRAINEL et GARNIER, son frère, sont témoins dans la charte par laquelle le comte Henri Ier donne plusieurs serfs à l'abbaye de Montiéramey.

(Archiv. Aube, *Origin. Montiéramey.*)

46. — Château-Thierry. ANSEAU DE TRAINEL est témoin dans la charte, par laquelle le comte Henri déclare qu'il rend à Archambaud de Sully 120 liv. provins de rente données en fief au même Archambaud, par le comte Thibaut II, son père.

(Chantereau, t. II, p. 4.)

1159.

47. — Un fief de HENRI DE TRAINEL figure parmi les biens de l'abbaye de Saint-Remy de Sens, dans la charte de confirmation, sous le sceau de Hugues de Toucy, archevêque de Sens.

(*Gallia Christ.*, t. XII, Instr., col. 360, B.)

1159, 1er octobre.

48. — Provins. ANSEAU DE TRAINEL (*buticularius*) figure parmi les témoins de la charte du comte Henri, en faveur de l'abbaye de Saint-Jacques.

(*Gallia Christ.*, t. XII, Instr., col. 44, B.)

1159.

49. — Provins. ANSEAU DE TRAINEL est témoin dans la charte par laquelle le comte Henri Ier donne aux Templiers une rente de 24 livres de Provins sur les foires de Troyes, en remplacement de 10 marcs d'argent, dont sept leur avaient été donnés par son père, et trois par lui.

(*Hist. des Comtes de Champagne*, t. III, p. 450.)

1161.

50. — A Provins. ANSEAU DE TRAINEL, bouteiller du comte de Champagne, figure parmi les témoins de la donation du comte Henri en faveur des chanoines de Saint-Quiriace.

(*Gallia Christ.*, t. XII, Instr. col. 48, B.)

51. — GARNIER DE TRAINEL et Guillaume, fils du comte de Nevers, paraissent comme témoins dans la transaction entre l'abbaye

de Saint-Julien d'Auxerre et le comte de Joigny, au sujet de la
terre de Migennes.

(Quantin. *Cartul. gén. de l'Yonne*, t. II, p. 131.)

52. — ANSEAU DE TRAINEL, bouteillier, est témoin dans la charte
par laquelle le comte Henri Ier renonce au service féodal qui lui
est dû par l'abbaye de Saint-Martin-ès-Aires, pour la moitié de
l'eau de la Seine entre le moulin de Sainte-Maure et le gué de
Saint-Benoît.

(Archiv. Aube, *Origin. Saint-Martin-ès-Aires.*)

53. — Provins. DIET DE TRAINEL donne à l'abbaye de Vauluisant tout ce qu'il possède à Bernières; Henri de Champagne, en
qualité de suzerain, approuve cette donation.

(*Cartul. Vauluisant*, fol. 99 v°.)

54. — Charte notice de Henri, évêque de Troyes, en faveur de
l'abbaye de Larrivour. Entre autres donations, il rappelle celle de
Frédéric qui donne à Larrivour une terre pour la grange de Don-
l'Evêque (entre Somme-Fontaine et Marcilly), et tout ce que les
religieux pourront acquérir dans son fief jusqu'à le *Hait et Mar-
cheli* (Marcilly-le-Hayer). HELIZENDIS, *domina de Trianel*, est témoin. HERMENGARDIS DE TRIANEL, appelée ailleurs femme de Simon Boissel, donne à Larrivour tout ce qu'elle possède *apud Pes-
tem (al* Pestaigni); Anselme Gasteblé, comme suzerain, confirme
cette donation. On trouve aussi parmi les témoins de ces donations
OTRANNUS GASTEBLÉ DE PLASEI (Plessis-Gâteblé).

(Archiv. Aube, *Origin. Larrivour.*)

1161-1168.

55. — HERMESENDE DE VILLEMAUR, femme de HENRI DE TRAI-
NEL, donne à Pierre, abbé de Vauluisant, et à l'abbaye tout ce
qu'elle possédait à Courgenay. HENRI et ARNOUL, ses enfants et sa
fille ELISABETH (*al.* Isabelle), ratifient cette donation. Sous le sceau
de Hugues, archevêque de Sens.

(Archiv. Yonne, *Origin. Vauluisant.*)

1162.

55 *bis.* — ANSEAU DE TRAINEL et GARNIER, son frère, sont témoins
de l'accord entre les lépreux des Deux-Eaux et les héritiers de
Henri D'AVANZ, au sujet de la va lée des *Losenges*. Le comte Henri
scelle cet accord.

(Archiv. Aube, *Origin, Deux-Eaux*).

56. — HERMENIARZ DE TRIAGNEL et HENRI, son fils, donnent à l'abbaye de Pontigny le plein droit d'usage dans la forêt de Saint-Loup. ISABELLE, fille d'Ermeniade et ARNOUL, son fils, clerc, et Diet, mari d'Isabelle, consentent à cette donation qui est faite par la main d'ANSEAU DE TRAINEL et de GARNIER, son frère, tous deux se portant fort pour l'abbaye de Pontigny.

(Archiv. Yonne, *Origin. Pontigny.*)

1162 (v. st.), le 25 février.

57. — ANSEAU DE TRAINEL est témoin dans la charte par laquelle le comte Henri Ier donne à l'abbaye de Saint-Loup de Troyes : 1o la redevance, dite *fresingas,* qui lui était due à Rouilly-Saint-Loup; 2o les hommes qu'il avait à Lusigny.

(Archiv. Aube, *Origin. Saint-Loup.*)

1163.

58. — ANSEAU, *seigneur de Traînel,* témoin dans la charte par laquelle Henri, comte de Champagne, donne le bois de Waut au prieuré de Molême, appelé l'*Abbaye-sous-Plancy.*

(2e *Cartul. Molême,* fol. 92 vo.)

56. — ANSEAU DE TRAINEL est témoin dans la charte par laquelle le comte Henri notifie 1o à Huldearde, abbesse de Notre-Dame de Bricot (Marne), que Dreux, abbé, et les religieux de Montier-la-Celle abandonnent tous les droits sur les biens de l'abbaye de Bricot; 2o qu'en récompense, il donne à l'abbaye de Montier-la-Celle 20 s. de rente sur le *precursus nundinarum equorum,* à la foire de Saint-Jean de Troyes.

(Archiv. Aube, *Copie. Montier-la-Celle* et *Inventaire,* fol. 44, no 23.)

60. — Lagny et Meaux. ANSEAU DE TRAINEL est témoin avec Thibaut, comte de Blois et Guillaume, frères du comte de Champagne, de la charte par laquelle le comte Henri-le-Libéral donne à Hugues, abbé de Saint-Pierre de Lagny, le marais *de Leschis.*

(Bibliot. impér., *Cartul. Lagny,* fol. 25 ro.)

1163, 22 novembre.

61. — Bulle d'Alexandre III, en faveur de l'abbaye de Vauluisant. On voit qu'ANSEAU DE TRAINEL est un des fondateurs de l'abbaye et des deux granges de Beauvoir et de Touchebœuf. La

grange de Cerilly est fondée par Manassès de Villemaur, Eudes, son fils, et Ponce de Trainel.
(Quantin. *Cartul. gén. de l'Yonne*, t. I, p. 156-159.)

1164, au plus tard.

63. — Anseau de Trainel établit un chapitre de chanoines dans la chapelle de son château de Traînel. Cette petite collégiale est dédiée à la *Très-Sainte-Trinité*.
(*Cartul. Cormery*, p. 124.)

1164.

63. — Provins. Sous le sceau de Henri, comte de Troyes, charte d'accord entre Anseau, *seigneur de Traînel*, et le prieur de Saint-Gervais de Traînel, au sujet des chanoines qu'Anseau venait d'établir dans son château.
(*Cartul. Cormery*, p. 124.)

64. — Provins. Anseau de Trainel, bouteillier, est témoin de la charte par laquelle Henri-le-Libéral pose les limites de la foire de mai, à Provins, et règle les droits qu'il prélèvera sur les marchands.
(Bourquelot. *Hist. de Provins*, t. II, p. 386.)

1165.

65. — Provins. Anseau de Trainel, bouteillier, est témoin et garant dans la charte par laquelle le comte Henri-le-Libéral s'engage envers Etienne, évêque de Meaux, à ne plus imiter et à ne plus laisser imiter, à l'avenir, sur ses terres, la monnaie de Meaux.
(Martène. *Amplissima Collect.*, t. I, col. 873.)

66. — Troyes. Anseau de Trainel est témoin de la charte par laquelle le comte Henri constate les donations faites aux Templiers de la Villeneuve-lez-Châlons par Jean et Hugues de Possesse.
(Edouard de Barthélemi. *Diocèse ancien de Châlons-sur-Marne*, t. I, p. 402.)

67. — Troyes. Anseau de Trainel est témoin de la charte par laquelle le comte Henri confirme les donations faites par Jean de Possesse à l'abbaye de Montier-en-Argonne et à celles de Cheminon, la Chalade, Haute-Fontaine et Trois-Fontaines.
(Edouard de Barthélemi. *Diocèse ancien de Châlons-sur-Marne*, t. II, p. 426-427.)

1166.

68. — Anseau et Garnier de Trainel servent de caution au comte de Nevers, dans ses démêlés avec l'abbaye de Vézelai.

(Bouquet, t. XII, col. 336-342.)

69. — Troyes. Anseau de Trainel est témoin de la charte par laquelle le comte Henri constate que dans sa cour, en présence de ses barons, Geoffroi, fils de Dreux Strabon de Villemaur, a abandonné les prétentions qu'il élevait sur les biens précédemment acquis par l'abbaye de Vauluisant.

(Quantin. *Cartul. gén. de l'Yonne*, t. II, p. 186.)

70. — Troyes. Garnier de Trainel, qualifié baron, est témoin de la charte du comte Henri, constatant un jugement rendu par sa cour sur la demande de Gui et d'Anseau de Garlande qui voulaient être mis en possession des biens de Hugues de Possesse.

(*Revue histor. de Droit franç. et étrang.*, t. VII, p. 59-70.)

1167.

71. — Anseau de Trainel est témoin de la charte par laquelle le comte Henri donne à l'abbaye de Saint-Pierre-le-Vif deux maisons à Provins et ce qu'il possédait à Naud. Le comte fit cette donation parce que, s'étant rendu par dévotion à l'église de Saint-Pierre-le-Vif, pour invoquer les saints martyrs Savinien, Potentien et Altin, il avait reçu des reliques de Saint-Potentien et de Saint-Altin, qu'il déposa à Troyes, dans l'église collégiale de Saint-Etienne.

(Archiv. Yonne, *Origin. Saint-Pierre-le-Vif.*)

72. — Henri, évêque de Troyes, fait connaître qu'Itier de Courceaux a donné droit d'usage dans ses bois de Thorigny à l'abbaye de Vauluisant. André, *comte de Brienne*, et gendre d'Anselme de Venisy, et Gui Gasteblé ratifient cette donation comme suzerains.

(Archiv. Yonne, *Origin. Vauluisant.*)

73. — Andreas, *comes Breniensis* (appelé dans la même charte André de Venisy), gendre d'Anselme de Venisy, et Gui Gasteblé, en qualité de seigneurs feudataires, approuvent le droit d'usage dans les bois de Thorigny, accordé par Itier de Courceaux à l'abbaye de Vauluisant.

(Archiv. Yonne, *Origin. Vauluisant.*)

1168.

74. — ANSEAU DE TRAINEL est témoin dans la charte par laquelle Hugues du Puiset, comte de Bar-sur-Seine, du consentement de Pétronille, son épouse, donne à l'abbaye de Mores tout ce qu'il possède sur les finages de Villenesse et de Mores. Sous le sceau de Gauthier, évêque de Langres, et en présence de Henri, comte de Champagne.

(Bibliot. impér., F. Franç., 5995, fol. 67 v°.)

1169.

75. — Troyes. ANSEAU de TRAINEL est témoin dans la charte par laquelle le comte Henri Ier constate qu'Artaud, son chambrier, a acquis : 1° de l'abbaye de Saint-Martin-ès-Aires un four sis à Troyes, près de la Porte-du-Comte; 2° et d'Ebrard, fauconnier, les oboles des boulangers de ce four.

(Archiv. Aube, *Origin. Hôtel-Dieu.*)

76. — Provins. ANSEAU DE TRAINEL, témoin dans une charte de Henri, comte de Troyes, en faveur du chapitre de Saint-Nicolas de Pougy.

(Archiv. Aube, *Copie. Chapitre Saint-Nicolas.*)

77. — Château-Thierry. ANSEAU DE TRAINEL figure comme témoin dans la charte par laquelle le comte Henri Ier, à la demande de l'abbé de Saint-Médard de Soissons, établit un marché à Sergy tous les samedis.

(*Hist. des Comtes de Champagne*, t. III, p. 455.)

1170, septembre.

78. — GARNIER DE TRAINEL, seigneur de Marigny, fait connaître que GILON DE MARIGNY, du consentement d'Adeline, son épouse, ratifie la donation faite par ses prédécesseurs à la léproserie des Deux-Eaux. Il s'agit d'une terre dans la vallée de Pars-les-Romilly, à charge par les lépreux de payer 18 deniers de cens annuel.

(*Cartul. Deux-Eaux*, fol. 4 v°.)

1171.

79. — Troyes. ANSEAU DE TRAINEL est témoin dans la charte par laquelle le comte Henri Ier donne à l'abbaye de Saint-Martin-ès-Aires la dîme des deux moulins *Ursariorum* et de Chaillouel, à Troyes, et le droit d'y moudre sans redevance un demi-muid par

semaine; de plus, la pêche depuis le bief du moulin de Jaillard jusqu'à *Oriot*.

(Archiv. Aube, *Origin. Saint-Martin-ès-Aires.*)

80. — Nogent l'Artaud. ANSEAU DE TRAINEL est témoin dans la charte par laquelle le comte Henri Ier fait connaître un jugement de sa cour déclarant que les serfs de l'abbaye de Saint-Médard de Soissons, à Damery, doivent 4 sous de taille deux fois l'an.

(*Hist. des Comtes de Champagne*, t. III, p. 459.)

1172.

81. — Sézanne. ANSEAU DE TRAINEL *pincerna* (échanson) est témoin de la charte par laquelle le comte Henri affranchit les hommes d'Avize (arrondissement d'Epernay, Marne) de la justice et des exactions de ses prévôts, ainsi que de l'host et de la chevauchée, sauf certaines réserves.

(*Docum. histor. extraits de la Bibliot. Royale*, t. II, p. 39.)

1173.

82. — Troyes. ANSEAU DE TRAINEL est témoin dans la charte par laquelle le comte Henri Ier accorde divers priviléges aux habitants de Maraye-en-Othe.

(*Hist. des Comtes de Champagne*, t. III, p. 462.)

1174.

83. — Provins. ANSEAU DE TRAINEL est témoin dans la charte par laquelle le comte Henri Ier autorise les religieux de l'hôpital Saint-Bernard de Troyes, à moudre sans redevance deux setiers de blé par semaine aux moulins de l'Hôtel-Dieu-le-Comte.

(Archiv. Aube, *Origin. Saint-Bernard.*)

84. — Provins. ANSEAU DE TRAINEL est témoin dans la charte par laqnelle le comte Henri Ier donne à sa sœur Marie, autrefois duchesse de Bourgogne, 10 livres de rente annuelle sur la table de change qui se trouve placée la première devant la maison de Thibaut *de Foro*, vers l'église Saint-Jean, à Troyes.

(*Hist. des Comtes de-Champ.*, t. III, p. 464.)

85. — Provins. — GARNIER DE TRAINEL est témoin dans la charte par laqnelle le comte Henri Ier donne à l'abbaye de Montié-render la moitié du tonlieu des chevaux et des autres animaux qui se vendent aux foires de Bar-sur-Aube.

(Archiv. Haute-Marne, *Origin. Montiérender.*)

86. — Troyes. GARNIER DE TRAINEL est témoin de l'accord entre Erard, comte de Brienne, et le chapitre de Chablis, au sujet de la terre de Préhy. Sous le sceau de Mathieu, évêque de Troyes.

(Archiv. Yonne, *Origin. Chapitre de Chablis.*)

87. — GARNIER DE TRAINEL est témoin dans le jugement rendu par Mathieu, évêque de Troyes, au sujet de la terre de Préhy. Les chanoines de Chablis, d'un côté, et Erard, comte de Brienne, de l'autre, posséderont cette terre en commun, excepté certains droits désignés.

(Quantin. *Cartul. gén. de l'Yonne*, t. II, p. 252.)

88. — GARNIER DE TRAINEL est choisi comme arbitre avec Girard, abbé de Montier-la-Celle, Guitère, abbé de Saint-Loup de Troyes, et Jean de Possesse, dans les demêlés entre Hardouin, abbé de Larrivour, et Gauthier, abbé de Montiéramey, au sujet de la grange de Beaumont.

(Archiv. Aube, *Origin. Larrivour.*)

89. — GARNIER DE TRAINEL rapporte au comte Henri la sentence arbitrale dont il est question dans la charte précédente.

(Archiv. Aube, *Origin. Larrivour.*)

90. — GARNERIUS DE FOSSEIO (Foissy-sur-Vanne) et sa femme HERMENGARDE donnent à l'abbaye de Vauluisant moitié de leurs prés « *inter Villam novam* (Villeneuve-l'Archevêque) *et Malum « passum* (Maurepas) » au nord de la Vanne, pour le repos de l'âme de GEOFFROI, leur fils. Leurs autres enfants, GARNIER, clerc, HUGUES, chevalier, et ISABELLE, leur fille, ratifient cette donation.

(Bibl. Imp. F. Franç. 5997, fol. 120 rº.)

1175.

91. — ANSEAU DE TRAINEL et GARNIER DE MARIGNY sont témoins de la charte par laquelle le comte Henri affranchit Girard de Langres, Humbert Sagnerel et leurs héritiers de toutes tailles et exactions de l'host et de la chevauchée.

(Grosley. *Mém. histor. et critiq. pour l'histoire de Troyes*, t. II, p. 157.)

92. — ANSEAU DE TRAINEL est témoin de la charte par laquelle le comte Henri, après avoir fondé la Villeneuve-au-Châtelot (*Villanova inter calceiam Pontium et Pugny*), règle les libertés et le droit de commerce qu'il accorde aux habitants. Le roi Charles V

confirma cette charte à Paris le 16 mars 1877. Villeneuve est appelé *la Villeneuve-les-Pons-sur-Seine.*

(*Ordonnances des rois de France,* t. VI, p. 318.)

93. — GARNIER, *par la patience de Dieu, seigneur de Trainel,* fait connaître l'accord juré entre Guitère, abbé de Saint-Loup de Troyes, et Benoit de Pont-sur-Seine, au sujet du fief de Rigny-la-Nonneuse.

(Archiv. Aube, *Origin. Saint-Loup.*)

94. — GARNIER DE TRAINEL, *senescallus comitis Nivernensis,* est témoin dans la charte par laquelle Guillaume, archevêque de Sens, fait connaître 1° que Gui, comte de Nevers, a donné à l'abbaye de Pontigny, pour le repos de son âme, *son clos de Saint-Martin,* à Auxerre ; 2° que cette donation fut ratifiée par Mathilde, femme de Gui, et par Renaud, frère du comte.

(Archiv. Yonne, *Origin. Vauluisant.*)

1176.

95. — ANSEAU DE TRAINEL et GARNIER, son frère, sont témoins dans la charte par laquelle le comte Henri autorise son frère Guillaume, archevêque de Sens, à établir une foire à Brienon.

(Quantin. *Cartul. gén. de l'Yonne,* t. II, p. 283.)

96. — Troyes. ANSEAU DE TRAINEL et GARNIER, son frère, sont témoins dans la charte par laquelle le comte Henri constate que Hardouin, abbé, et l'abbaye de Larrivour, ont vendu à Pierre, abbé, et à l'abbaye de Vauluisant deux maisons à Sens. Prix : 650 marcs d'argent fin au poids de Troyes.

(Archiv. Yonne, *Origin. Vauluisant.*)

97. — Troyes. ANSEAU DE TRAINEL est témoin dans la charte par laquelle le comte Henri Ier, à la prière de Guitère, abbé de Saint-Loup, accorde divers priviléges à Humbert de Villehardouin et à Pierre de Verdun.

(*Cartul. Saint-Loup,* fol. 42 v°.)

98. — Provins. ANSEAU DE TRAINEL, bouteillier, et GARNIER, *son frère,* sont témoins de la Charte par laquelle le comte Henri-le-Libéral confirme les priviléges accordés au chapitre de Saint-Quiriace et ajoute de nouvelles concessions.

(Bourquelot. *Hist. de Provins.* t. II, p. 392.)

99. — Le fief de HENRI DE TRAINEL figure parmi les biens de

l'abbaye de Saint-Remy de Sens, dans la charte de confirmation, sous le sceau de Guillaume de Champagne, archevêque de Sens.

(Gallia Christ., t. XII, Instr. col. 53, A.)

1177.

100. — ANSEAU DE TRAINEL et GARNIER, son frère, sont témoins dans la charte du comte Henri, confirmant la fondation de l'abbaye de *Charmoy* (Marne).

(Gallia Christ., t. I, Instr., col. 175, A.)

101. — Louis VII notifie que ANSEAU DE TRAINEL tient du roi la moitié de la forteresse de Villeneuve-sur-Vanne et tient de Henri, comte de Champagne, l'autre moitié.

(Teulet. *Layette du Trésor des Chartes*, t. I, p. 114, nᵒ 277. — Quantin. *Cartul. gén. de l'Yonne*, t. II, p. 292.)

102. — ANSEAU DE TRAINEL notifie la donation faite à l'abbaye de Vauluisant par Daimbert-le-Chien et Gérard, son frère, de tout ce qu'ils réclamaient sur la terre de Lyvanne.

(Archiv. Yonne, *Origin. Vauluisant.*)

103. — Provins. ANSEAU DE TRAINEL est témoin dans la charte par laquelle le comte Henri Iᵉʳ notifie les priviléges qui appartiennent aux habitants de la terre de Notre-Dame d'Oulchy.

(Hist. des Comtes de Champ., t. III, p. 467.)

104. — Sézanne. ANSEAU DE TRAINEL est témoin de la charte par laquelle Henri, comte de Champagne, fait connaître et confirme les donations faites par André de la Ferté-Gaucher à l'abbaye de Molème.

(Toussaints du Plessis. *Hist. de l'église de Meaux*, t. II, p. 63.)

105. — Troyes. ANSEAU DE TRAINEL et GARNIER, son frère, sont témoins dans la charte par laquelle le comte Henri Iᵉʳ et l'abbé de Montiéramey fondent une ville neuve à Chaource et Metz-Robert.

(Cartul. Montiéramey, fol. 70 rᵒ.)

1179, au plus tard.

106. — GILLE ou JULIE DE TRAINEL, fille de Garnier II, était mariée à Hugues de Vergy, comme on le voit par la charte nᵒ 109. Hugues de Vergy et Gilles de Traînel eurent pour enfants : 1ᵒ Garnier de Vergy, qui mourut assez jeune, sans avoir été marié ; 2ᵒ Guillaume de Vergy, sénéchal de Bourgogne, qui continua la postérité des aînés; 3º Gui de Vergy, évêque d'Autun, de 1224, octobre ou novembre, à 1245; 4º Alix de Vergy, duchesse de Bourgogne, mariée au duc Eudes en 1199, au plus tard.

(Duchesne. *Maison de Vergy*, p. 109.)

1179.

107. — Troyes. ANSEAU DE TRAINEL et GARNIER, son frère, sont témoins dans la charte par laquelle le comte Henri 1º fait savoir qu'il est associé par l'abbé et le couvent de Saint-Sauveur-de-Vertus à la propriété de leur moulin à drap de Bierges; 2º il leur confirme plusieurs donations.

(Ed. de Barthelemy. *Diocèse ancien de Châlons-sur-Marne*, t. I, p. 356.)

108. — ANSÉAU DE TRAINEL est témoin de la charte par laquelle le comte Henri confirme les donations qu'il a faites à l'abbaye de la Charmoye en la fondant.

(Ed. de Barthélemy. *Diocèse ancien de Châlons-sur-Marne*. t. I, p. 362.)

108 bis. — ANSEAU DE TRAINEL et GARNIER, son frère, sont témoins dans la charte par laquelle le comte Henri donne à la léproserie des Deux-Eaux la dîme des bains de Troyes et autres biens.

(*Mém. de la Société d'Agric. de l'Aube*, 2e série, t. I, p. 526.)

109. — GARNIER DE TRAINEL, malade de la fièvre quarte, se fit conduire sur un chariot à la fontaine de Saint-Vinebaud, où il fut guéri par les mérites du saint, après s'être baigné pendant trois jours. En reconnaissance de ce bienfait, 1º il remet aux religieux du prieuré de Saint-Vinebaud, dépendant de l'abbaye de Saint-Loup de Troyes, un muid d'avoine qu'ils lui payaient annuellement en droit de sauvement. Son fils GARNIER approuve cette donation. 2º GARNIER et son gendre, HUGUES DE VERGY, approuvent l'aumône faite par Guitère de Montangon qui, du consentement de sa femme Marcienne et de son fils Baudouin, abandonne aux religieux de Saint-Loup de Troyes tout ce qu'il possède à Auzon. 3º Les étrangers que les religieux de Saint-Loup recevront sur leurs terres de Cordouan et de Bossenay paieront à Garnier le droit de sauvement, tant qu'ils habiteront ces contrées.

(*Cartul. Saint-Loup*, fol. 50 vº.)

110. — Troyes. Charte de commune octroyée à la ville de

Meaux par Henri, comte de Champagne. ANSEAU DE TRAINEL et GARNIER, son frère, sont témoins.

> (Teulet. *Layettes du Trésor des Chartes*, t. I, p. 179, nº 299. — Brussel, t. I, p. 186.)

111. — Provins. ANSEAU DE TRAINEL est témoin dans la charte par laquelle le comte Henri Ier donne à l'abbaye de Saint-Martin d'Epernay l'hôpital du lieu.

> (*Hist. des Comtes de Champ.*, t. III, p. 471.)

Vers 1180.

112. — ANSEAU DE TRAINEL et GARNIER, son frère, sont témoins dans la charte par laquelle le comte Henri donne à l'abbaye d'Hermières en Brie la quatrième partie du bois *Le roi*.

> (Teulet. *Layettes du Trésor des Chartes*, t. I, p. 128, nº 303.)

1180, 18 septembre, au plus tard.

113. — Louis VII confirme les possessions de l'église de Troyes. Parmi les *casamenta* de cette église tenus par les seigneurs de Traînel, on trouve le *castrum* de Venisy (Yonne, canton de Brienon).

> (*Gallia Christ.*, t. XII, *Instr.* col. 284, C.)

1181.

114. — Provins. — GARNIER DE TRAINEL est témoin de la charte par laquelle la comtesse Marie constate une transaction.

> (*Origin.*, collection de M. Michelin. — *Hist. des Comtes de Champ.*, t. III, p. 142.)

1181-1186.

115. — Dans le deuxième registre des *feoda Campanie*, le château de Marigny figure dans la liste des *castella jurabilia et reddibilia*.

> (*Hist. des Comtes de Champ.*, fol. 65 vº, t. II, append., p. XIII.)

1182.

116. — GARNIER DE TRAINEL est témoin de la donation faite devant la comtesse Marie à l'abbaye de Saint-Loup, par Jacques Roncevel et Pierre, son frère, de tout ce qu'ils possédaient à Rouilly et à Baire.

> (*Cartul. Saint-Loup*, fol. 43 vº.)

117. — ANSEAU DE TRAINEL, prononçant dans sa cour de jus-

tice sur une contestation élevée entre les religieux de l'abbaye de Vauluisant et les héritiers de Pouy, au sujet de la terre de Félix Cape et de Renaud, chevalier... après avoir reçu la déposition de dix témoins assermentés, adjugea la terre aux religieux.

(*Cartul. Vauluisant,* fol. 44 v°.)

1183.

118. — ANSEAU DE TRAINEL fait connaître qu'Ulric, abbé de Vauluisant, lui a concédé, ainsi qu'à Gui, archevêque de Sens, tout ce qu'il possédait dans la paroisse de Villeneuve-sur-Vanne, excepté une maison et des prés. En récompense, Anseau s'engage à payer annuellement à l'abbaye de Vauluisant une rente de 4 setiers de grain, et l'archevêque, ou celui qui tiendra Villeneuve en paiera autant.

(Archiv. Yonne, *Origin. Vauluisant.*)

119. — ANSEAU DE TRAINEL fait connaître qu'il a condamné les religieux de l'abbaye de Vauluisant à payer, à Hermeneldis et à son fils Etienne de Villeneuve, 50 livres de provinois sur les cent qu'ils réclamaient.

(*Cartul. Vauluisant,* fol. 44 v°.)

120. — GUI GASTEBLÉ donne à l'abbaye de Vauluisant tout ce qu'il possède à Thorigny. Témoins : GARNIER, chanoine, son frère, plus tard évêque de Troyes, et ANDRÉ de Brienne.

1183-1185.

121. — Hugues de Vergy ayant refusé de relever de Hugues III, duc de Bourgogne, fut assiégé par lui, dans son château de Vergy. Hugues obtint le secours du roi Philippe-Auguste ; d'ailleurs, dit la chronique de Saint-Marien d'Auxerre :

« Hugues de Vergy était gendre de GARNIER DE TRAINEL, personnage très-noble, qui mena à son secours tous les grands du comté de Champagne qui firent de très-grands dommages au duc. »

Chronic. S. Mariani, ad an. MCLIII. — Bouquet, t. XVII, p. 15, B, et not. *a* et *b*.)

1184.

122. — ANSEAU DE TRAINEL et GARNIER, son frère, confirment à l'abbaye de Vauluisant tout ce qu'elle possède à titre de donation ou d'achat dans leur patrimoine ou leurs fiefs.

(Archiv. Yonne, *Origin. Vauluisant.*)

123. — Marigny. GARNIER, *seigneur de Traînel*, fait connaître que Drogon de Saint-Martin, près Marigny, a engagé pour 30 livres tout le fief qu'il tenait de l'abbaye de Saint-Loup de Troyes.

(Archiv. Aube, *Origin. Saint-Loup.*)

124. — Accord entre André de Venizi et l'abbaye de Pontigny, au sujet de la forêt de Saint-Etienne. Sous le sceau de Manassès, évêque de Troyes.

(Archiv. Yonne, *Origin. Pontigny.*)

125. — GARNIER DE TRAINEL, comme suzerain, atteste que sa cousine Alix, femme d'André de Venizi, a ratifié le don de la forêt de Saint-Etienne, fait à l'abbaye de Pontigny, par son mari.

(Archiv. Yonne, *Origin. Pontigny.*)

126. — Meaux. GARNIER est témoin de la charte par laquelle Marie, comtesse de Champagne, constate que l'abbaye de Saint-Faron a donné à Robert de Milly tout ce qu'elle possédait *apud Buissiacum.*

(Toussaint du Plessis. *Hist. de l'église de Meaux*, t. II, p. 71.)

1185.

127. — GARNIER DE TRAINEL, *nobilis vir*, est témoin d'un accord entre Manassès de Villegruis (*de villa Grasii*), chevalier, et l'abbaye du Paraclet.

(*Cartul. Paraclet*, fol. 176 r°.)

1185-1192.

128. — Manassès de Bar-sur-Seine, évêque de Langres, fils de Gui, comte de Bar-sur-Seine, et de Pétronille de Chassenay, fait connaître que *sa sœur, dame de Traînel, veuve d'Anseau, seigneur de Traînel,* ratifie une aumône faite par son mari à l'abbaye de Vauluisant. (Or, la veuve d'Anseau le bouteillier est Hermensende ou Hermance, que nous retrouvons encore en 1205, n° 156.) « Ego Manasses, dei gratia Lingonensis episcopus, omnibus notum facio sororem meam, dominam Trianguli in presentia mea recognovisse et guerpivisse quamdam elcemosynam quam vir ejus bone memorie ANSELLUS, dominus Trianguli, fecerat ecclesie Vallis Lucentis. »

(Archiv. Haute-Marne, *Cartul. Eccles. Lingon.*, fol. 17 r°.
— Bibliot. Impér., F. Franç., 5995, fol. 81 r°.)

1188.

129. — GARNIER DE TRAINEL, appuyé par le comte Henri II et

la comtesse, sa mère, obtient du pape Clément III l'établissement d'un prieuré de chanoines de Saint-Loup dans l'église de Marigny. La bulle du pape est du 15 juin 1188. L'évêque de Troyes, Manassès II de Pougy, qui voulut s'opposer à cet établissement, fut interdit par les délégués apostoliques, et le prieuré fut confirmé par une nouvelle bulle de Clément III, en date du 27 octobre 1189.

> (Archiv. Aube, *Origin. Saint-Loup* et *Cartul. Saint-Loup*, fol. 13 v° et 76 r°.

Avant 1189.

130. — Hugues, *seigneur de Plancy*, du consentement de Gibon, son fils, donne à l'abbaye de Clairvaux 60 sous annuels sur le péage et le marché de Plancy, pour son anniversaire. Parmi les témoins : Manassès de Pougy, évêque de Troyes, Haïce de Plancy, frère de Hugues, Gauthier de Chappes, Isabelle, femme de Hugues, et Mélissende de Méry.

> (*Cartul. Clairvaux*, t. II, p. 74.)

1189.

131. — Garnier de Trainel fait connaître que sa sœur Elisabeth a donné à la maison de la Pannetière, sur le finage de Pâlis (la Pannetière dépendait de la léproserie des Deux-Eaux de Troyes), l'usage du bois mort dans ses bois de Pâlis. Cette donation est ratifiée par Gilon de Marigni, fils d'Elisabeth et neveu de Garnier de Trainel, par Gauthier, vicomte de Villemaur, et par Garnier de Rigni, gendre de Gilon.

> (*Cartul. Deux-Eaux*, fol. 4 r°.)

132. — Garnier de Trainel avec Haïce de Plancy sont témoins de la charte par laquelle Gilon, seigneur de Plancy, fait connaître que Hugues, son père, et Elisabeth de Trainel, sa mère, ont donné à Caprara, sœur de Gilon, entrée à l'abbaye du Paraclet, la terre de Pâlis à posséder après la mort d'Elisabeth. Gilon, du consentement de sa femme Oldearde, approuve cette donation.

> (*Cartul. Paraclet*, fol. 117 v°.)

1189.

133. — Hugues de Vergy, partant avec le roi Philippe pour la croisade, donne à l'abbaye de Saint-Loup de Troyes Marie femme de Beaudouin de Montangon, sa femme de corps ainsi que de Clérambaut de Chappes, marié à Hélissende de Trainel, fille de

Garnier de Trainel et sœur de Gille. Gille, femme de Hugues de Vergy, et Garnier, son fils, approuvent cette donation.

(Duchesne. *Maison de Vergy*, Preuv., p. 148.)

1191.

134. — Haïce de Plancy, évêque de Troyes, accédant aux prières de la comtesse Marie et de Garnier de Trainel, seigneur de Marigny, confirme l'établissement du prieuré de Marigny.

(Archiv. Aube, *Origin. Saint-Loup*.)

1192.

135. — Ego Garnerus, *dominus Triagnelli*... ayant obtenu *multo labore* l'établissement du prieuré de Marigny, donne aux chanoines de Saint-Loup, avec le consentement de Garnier, son fils, 1º cent sous de revenu sur le tonlieu de Marigny, 2º toute sa part de minage sur les grains, 3º tout le tonlieu du pain qu'on appelle *stallagium*, 4º les vignes qu'il a achetées des hommes d'Ossey, 5º la maison du juif Gorgias, 6º le droit de franche mouture dans ses moulins pour tout le prieuré, 7º toute sa part dans la dîme d'Esternay (Marne.)

(*Cartul. Saint-Loup*, fol. 50 rº.)

1193-1205.

136. — Garnier de Trainel, évêque de Troyes, monta sur le siège épiscopal en 1193. Nous donnerons ses actes avec ceux des évêques de Troyes. Il mourut à Constantinople le 14 avril 1205, s'étant croisé pour la seconde fois.

(*Gallia Christ.*, t. XII, col. 503.)

1194.

137. — Garnier de Trainel donne, sous le sceau de Garnier, évêque de Troyes, un homme et sa femme à l'abbaye de Vauluisant.

(*Cartul. Vauluisant*, fol. 3 rº.)

138. — Harduinus *de Mairiaco* donne, pour le repos de l'âme de sa femme, inhumée au Paraclet, et pour la profession de sa fille Euphémie, tout ce qu'il tient en fief sur la Seine, de Milon de Nogent-sur-Seine. Témoins : Gaucher *de Mairiaco* et Herbert le Gros.

(*Gallia Christ.*, t. XII, Instr., col. 279, D.)

139. — Dans la charte-notice de Garnier de Traînel, évêque de

Troyes, en faveur de l'abbaye du Paraclet, ANSEAU Ier DE TRAINEL et Milon de Nogent figurent parmi les principaux fondateurs de l'abbaye.

Dans la même charte, GARIN DE TRIEGNEL donne toutes les menues dîmes de Saint-Flavit et pour sa *fille* le tiers de la grosse dîme.

(Gallia Christ., t. XII, Instr., col. 278 et 281, C.)

140. — Dans une autre charte-notice, Garnier de Traînel, évêque de Troyes, rappelle plusieurs donations faites à l'abbaye du Paraclet :

AGNÈS DE MARIGNY donne, en se faisant converse au Paraclet, deux parties de la menue dîme de Marigny, 100 chandelles, 6 sous et 24 *placente,* pris chaque année sur les offrandes de l'Eglise ;

MANASSÈS, neveu d'Agnès, donne la troisième partie de la menue dîme de Marigny ;

THIBAUT DE MARIGNY, fils d'Agnès, donne en mourant la troisième partie des dîmes de Marigny, du consentement de son épouse LETHUISE ;

ANSEAU, frère de Thibaut, vend la troisième partie des dîmes 300 sous.

Gauthier, fils de Hardouin, *cognatus* d'Anseau, vend également du consentement de MANASSÈS, son frère, la troisième partie des dîmes 300 sous.

(Cartul. Paraclet, fol. 224 r°.)

141. — GARNIER, évêque de Troyes, dans la charte par laquelle il donne l'église de Saint-Aubin (Aube) à l'abbaye du Paraclet, appelle GAUTHIER de Marigny, archidiacre, *consanguineus noster.*

(Cartul. Paraclet, fol. 131 v°.)

1194-1227.

142. — PHILIPPE DE TRAINEL, d'abord religieux, puis abbé de Saint-Loup de Troyes, était frère de THÉCELINE, *dame d'Ermel*. Ils avaient pour père GARIN DE TRAINEL qui se fit convers à Prully.

(Gallia Christ., t. XII, col. 588.)

1195.

143. — GARNIER, évêque de Troyes, à la prière de GARNIER DE TRAINEL, fait remise au prieuré de Marigny de 6 livres et 18 setiers de blé, pension annuelle qui lui était due. En retour, Garnier de Traînel, du consentement de sa femme AGNÈS, et pour le repos

de l'âme de son père, GARNIER DE TRAINEL, fait remise à l'évêque d'un droit de régale, consistant, à la mort de chaque évêque, dans le rachat de tous les hommes de corps de l'évêché qui habitaient les terres du dit seigneur.

(Archiv. Aube, *Origin. Saint-Loup.*)

144. — Charte sous le sceau de GARNIER, évêque de Troyes : GARNIER DE VILLENEUVE donne à l'abbaye de Vauluisant tout ce qu'il possède à Sarcy (Seine-et-Marne) GUI GASTEBLÉ, que l'évêqué de Troyes appelle *dilectus frater noster*, approuve cette donation comme suzerain.

(*Cartul. Vauluisant*, fol. 21 rᵒ.)

1196.

145. — Les religieux de Vauluisant et les religieuses du Paraclet étant en contestation et n'ayant pu s'accorder devant les juges délégués par le Pape, remirent leur cause entre les mains d'ER-MANCE, *dame de Trainel*, promettant avec une caution de 60 l. de s'en rapporter à son jugement. Hermance, après l'avis d'experts, ordonna aux religieux de Vauluisant de renoncer à tout ce qu'ils réclamaient aux religieuses du Paraclet, et à celles-ci d'abandonner aux religieux ce qu'elles possédaient en terres et bois, depuis le chemin de Bagneaux par la croix de la Vanne vers Pouy.

(Archiv. Yonne, *Origin. Vauluisant.*)

146. — ANSEAU, *seigneur de Trainel*, fait connaître et ratifie la donation de 3 mines de froment, 3 de seigle, et 3 setiers de trémois de son fief de *Tricherei*, faite à la léproserie des Deux-Eaux, à perpétuité, par Hodouin *de Eschegiis* (Les Sièges, Yonne, canton de Villeneuve-l'Archevêque), pour sa sœur qui était lépreuse.

(*Cartul. Deux-Eaux*, fol. 13 rᵒ.)

1196-1205.

147. — Garnier, évêque de Troyes, choisi comme arbitre par l'abbaye de Larrivour, d'une part, et ANSEAU III DE TRAINEL et les hommes de Sacey, d'autre part, déclare : que le chemin dit de Sacey doit être entretenu par les habitants, que les religieux ont pleine et entière liberté d'en jouir, que tous les chemins qui vont de celui de Sacey à la grange du Chardonneret appartiennent aux religieux. ANSEAU DE TRAINEL, IDA, sa femme, et les hommes de Sacey ratifient cet arbitrage.

(Archiv. Aube, *Origin. Larrivour.*)

148. — Ansellus de Triangulo, *dominus de Saceio,* fait connaître et ratifie l'arbitrage contenu dans la charte précédente.

(Archiv. Aube, *Origin. Larrivour.*)

1197.

149. — Anseau de Trainel, pour le repos de l'âme de son père Anseau, donne à l'abbaye du Paraclet son bois du *Coudroi,* sur le territoire de Marcilly-le-Hayer ; sa femme Ida et sa sœur Marie (*quamvis foris familiata erat a nobis,* dit Anseau) approuvent cette donation et reçoivent des gratifications.

(Archiv. Aube, *Origin. Paraclet.*)

150. — « Michiel, archevesque de Senz et Ansiauz de Trai« nel » octroient plusieurs priviléges et libertés à la « Vile« noeve-sus-Venne » (Villeneuve-l'Archevêque).

(Quantin. *Cartul. gén. de l'Yonne,* t. II, p. 241.)

1198, avril.

151. — Melun. Thibaut III fait hommage-lige à Philippe-Auguste. Garnier et Anseau de Trainel, avec Jean de Montmirail, entr'autres, sont cautions de la foi jurée au roi par le comte Thibaut.

(Teulet. *Layettes du Trésor des chartes,* t. I, p. 196, nº 473.)

1198, décembre.

152. — Michel, archevêque de Sens, fait connaître que Guillaume, abbé de Vauluisant, a donné à bail par devant lui à Marie, *dame de Charmoy,* sœur d'Anseau de Trainel, la grange d'Armentières pour sa vie durant, moyennant 6 muids de grain par quart froment, seigle, orge, avoine, et en outre le dixième du produit des terres et des troupeaux. L'abbé lui donna 30 bœufs et 12 ânesses, le tout estimé 100 livres. Marie choisit sa sépulture à l'abbaye de Vauluisant. En présence, et avec le consentement d'Anseau de Trainel qui promet sous le serment de tenir sous sa main toutes ces choses.

(Archiv. Yonne, *Origin. Vauluisant.*)

1198.

153. — Accord entre Geoffroi de Foissy, chevalier, et l'abbaye de Vauluisant, au sujet du bois de Luisant. Sous le sceau d'Anseau, *seigneur de Traînel.*

Bibl. Imp., F. Franç., 5997.)

154. — ANSEAU, *seigneur de Trainel,* fait connaître l'accord passé entre Geoffroi de Foissy, chevalier, et l'abbaye de Vauluisant, au sujet de certains revenus à Lailly et du produit des mines de fer de la forêt de Luisant. Geoffroi donne aussi aux religieux droit d'usage dans ses bois de Luisant et de Foissy. Anseau de Trainel ratifie, comme suzerain, de tout ce que Geoffroi possède à Foissy.

(*Cartul. Vauluisant,* fol. 20 r°.)

1199, vers le commencement de décembre.

155. — GARNIER DE TRAINEL, évêque de Troyes, se croise avec la noblesse champenoise au tournoi d'Ecly, organisé par Baudouin, comte de Flandre et de Hainaut.

(Bouquet, t. XVIII, col. 433, 800.)

1200.

156. — HERMESENDE, *dame de Trainel,* donne à l'abbaye du Paraclet ce qu'elle possède au bois de Corroi.

(Archiv. Aube, *Origin. Paraclet.*)

1200 (v. st.), février.

157. — Garnier, évêque de Troyes, constate que GUI DE SAINT-LÉGER, chevalier, qu'il appelle *consanguineus noster,* a donné à l'abbaye de Boulancourt Suzanne de Crépy, ses héritiers et tout ce qu'elle possède.

(*Cartul. Saint-Etienne,* fol. 88 v°.)

1201, juin.

158. — Charte de Garnier, évêque de Troyes : l'abbaye de Boulancourt cède à la collégiale de Saint-Etienne de Troyes Suzanne de Crespy; et dans la charte rapportant cette session, Garnier, évêque de Troyes, appelle Gui *consanguineus noster, miles de Pogiaco* (Pougy), *dominus de Sancto Leodegario* (Saint-Léger-sous-Margerie). Gui transporte Suzanne à la collégiale de Saint-Etienne, du consentement d'AGNÈS, sa femme, de ses enfants RENAUD et GILON, et de ses neveux Guillaume et Thibaut frères.

Renaud et sa femme Marguerite succèdent à Gui comme seigneurs de Saint-Léger.

(*Cartul. Saint-Etienne,* fol. 89 r°, 137 v°.)

1201.

159. — On lit dans le 3ᵉ registre des *Feoda Campanie :* « Le

» seigneur de Traînel, pour tout ce qu'il possède à Traînel en fief
» et en domaine, est homme-lige du comte de Champagne. »

(*Hist. des Comtes de Champ.*, t. II, append., p. XXII, n° XXXII.)

160. — Le seigneur de Montigny (*juxta Jassiacum*) est homme-
lige d'Anseau de Traînel, mais le fief est du comte de Champagne.

(*Ibid.*, p. XXIII, n° XLVII.)

161. — On lit dans le 3e registre des *Feoda Campanie* : « Le
» seigneur de Marigny est homme-lige du comte de Champagne et
» son château est jurable. »

(*Ibid.*, p. XXII, n° XXXI.)

162. — Erard de Venisi tient le château de Venisi du comte de
Champagne, *salva fidelitate domini Trianguli.*

(*Ibid.*, n° XLI.)

1201, mai.

163. — Sens. Blanche de Navarre, comtesse de Champagne,
veuve de Thibaut III, promet à Philippe-Auguste de ne pas se marier sans son consentement. Parmi les cautions qu'elle donne, on
trouve ANSEAU, *seigneur de Traînel*, et GARNIER, *seigneur de Marigny*.

(Martène. *Amplissima Collect.*, t. I, col. 1029.)

1202.

164. — GARNIER (Garinus), *seigneur de Traînel*, se porte mé-
diateur entre Garin, fournier, et l'abbaye du Paraclet, au sujet de la
grange de *Maurepas.* Charte sous le sceau de Garnier, évêque de
Troyes.

(*Cartul. Paraclet*, fol. 128 r°.)

1204.

165. — Le seigneur de Traînel, ANSEAU, et IDA, son épouse,
donnent à l'abbaye du Paraclet la dîme de Villeneuve-aux-Riches-
Hommes et de Saint-Maurice.

(*Cartul. Paraclet*, fol. 127 r°.)

166. — MILON DE TRAINEL meurt en 1204 abbé de Saint-Marien d'Auxerre ; son père était Anseau de Traînel, *vir magnificus,
et inter Campanie proceres prepotens.* Sa mère, HELISSENDE, mourut
fort âgée, religieuse de Fontevrault.

(Bouquet, t. XVIII, p. 268, G.)

1205.

167. — Accord entre G. DE TRAINEL et l'abbé de Molême, relativement à certains droits du prieuré de Saint-Hilaire, et particulièrement à l'usage dans le bois de *Nueve*, droits qui étaient périmés *a tempore mareschalli*.
(2e Cartul. Molême, fol. 89 vo.)

1205, juillet.

168. — ANSEAU DE TRAINEL reconnaît que sa maison de la Villeneuve-aux-Riches-Hommes est du fief de la comtesse Blanche.
(Teulet. *Layettes du Trésor des chartes*, t. I, p. 566, no 777 bis.)

169. — Troyes. HERMESENDE, *dame de Trainel*, ratifie la reconnaissance précédente.
(Teulet, *Layettes du Trésor des Chartes*, t. I, p. 567, n° 777 ter.)

1205.

170. — Avant le départ de GARNIER, évêque de Troyes, pour la croisade, le doyen de Pont-sur-Seine lui écrit pour lui rendre compte d'une enquête dont il était chargé au sujet d'un différend entre G. *cognatus* de l'évêque de Troyes et le curé *de Trésente*?
(2e Cartul. Molême, fol. 89 vo.)

171. — HENRI DE TRAINEL, archidiacre de Troyes et chanoine d'Auxerre, neveu de Garnier de Trainel, évêque de Troyes, donna 40 s. pour l'anniversaire de son oncle à la cathédrale de Troyes.
(Gallia Christ., t. XII, col. 504.)

1206.

172. — GARNIER DE TRAINEL, du consentement d'AGNÈS DE MELLO, sa femme, abandonne à l'abbaye de Scellières, à titre d'échange, tout ce qu'il possède à Fayel et à Menay pour 18 setiers de blé à *Cresiensacum* (Crisancy.)
(Cartul. Scellières, fol. 23 ro.)

1206 (v. st.), janvier.

173. — GARNIER DE TRAINEL, *seigneur de Marigny*, donne le four *de Eschemines* (Echemines) à son serviteur Gui de Marigny.
(Cartul. Scellières, fol. 61 ro.)

1207.

174. — Philippe-Auguste confirme les possessions de l'église de

Troyes et renouvelle la charte de Louis VII. Parmi les *casamenta*
de l'église de Troyes tenus par le seigneur de Trainel, on trouve le
château de Venisy.

(*Gallia Christ.*, t. XII, Instr., col. 284, C.)

1207, novembre.

175. — Fontainebleau. Philippe-Auguste s'engage envers
Blanche, Gui Gasteblé et Henri de Mauny, à ne point faire de nouveau village et à ne pas accepter de pariage dans le territoire com-
pris dans les limites suivantes : de Dixmont à Malai-le-Roi ; de la
Fontaine près de Soligny ; de là à Voisines ; de là à Thorigny en
suivant le cours de l'Oreuse.

(*Catal. des Actes de Philippe-Auguste*, n° 1055.)

1208, novembre.

176. — Anseau de Trainel déclare qu'il a vendu à la comtesse
Blanche tout ce qu'il avait dans le péage de Pont-sur-Seine.

(*Catal. des Actes des Comtes de Champ.*, n° 697.)

1209.

177. — Garnier de Trainel vend à la comtesse Blanche tout
ce qu'il avait dans le péage de Pont-sur-Seine.

(*Catal. des Actes des Comtes de Champ.*, n° 732.)

1209, juillet.

178. — Garnier de Trainel s'accorde avec l'abbaye de Saint-
Loup de Troyes, au sujet de la justice et de certains usages de la
rivière de l'Ardusson. Lorsque deux hommes de l'abbaye de Saint-
Loup conviendront de se battre en duel, ils paieront cinq sous à
Garnier de Trainel et seize deniers aux juges. S'ils entrent en
champ-clos, on observera l'ancienne coutume.

(*Archiv. Aube, Origin. Saint-Loup.*)

1212.

179. — Garnier de Trainel est du nombre des barons et des
vavasseurs qui, avec la comtesse Blanche, font un règlement
1° sur le partage des fiefs entre les filles, à défaut d'héritiers mâles,
2° sur le duel judiciaire.

(*Pithou. Cout. de Troyes*, 1628, p. 68.)

180. — Garnier de Trainel figure parmi les seigneurs qui

promulguent d'un commun accord avec la comtesse Blanche le règlement précédent.

(*Catal. des Actes des Comtes de Champ.*, nᵒ 815.)

1212, juin.

181. — GILE DE TRAINEL, veuve de Hugues de Vergy (depuis 12 ans environ : Hugues vivait encore en 1200, *Preuves* de la maison de Vergy, p. 153), et son second fils Hugues, reconnaissent qu'ils ont reçu des religieux de Longuay (Haute-Marne) 900 l. de provinois à titre de prêt sur le fief de la Ferté-sur-Aube que la maison de Vergy tenait de la comtesse de Champagne. Gille se dit *quondam domina Vergiaci ;* son douaire était sur la seigneurie d'Autrey.

(Duchesne. *Maison de Vergy*, Preuv., p. 395.)

1212.

182. — Hugues de Vergy, seigneur de Beauvoir, du consentement de sa mère, GILE DE TRAINEL, *dame d'Autrey,* et de Guillaume de Vergy, son frère, fait remise aux religieux de l'abbaye de Mores de tous ses droits sur la dîme des terres et vignes qu'ils cultivaient dans la contrée de Valbonnet.

(Bibliot. Impér., F. Franç., 5995, fol. 115 vᵒ.)

1212, décembre.

183. — IDA, veuve d'ANSEAU et administrant les biens de ses enfants, en contestation avec l'abbaye de Vauluisant, au sujet du bois de Vauluisant ; les religieux réclament aussi un cheval emmené par Anseau ou 100 sous en place.

(*Cartul. Vauluisant*, fol. 40 vᵒ.)

1213, novembre.

184. — Chartres. Lettres de Thibaut, comte de Blois et de Clermont, au sujet des conventions arrêtées entre le roi Philippe et Blanche, comtesse de Champagne. Thibaut se porte caution pour Blanche ; le seigneur de Marigny et le seigneur de Trainel sont garants de la promesse de Thibaut.

(Teulet. *Layettes du Trésor des Chartes*, t. I, p. 395, nᵒ 1054.)

1213, décembre.

185. — Provins. IDE, dame de Trainel, cautionne Blanche envers Philippe-Auguste.

(Teulet, *Layettes du Trésor des Chartes*, t. I, p. 396, nᵒ 1059.)

1215.

186. — GARNIER DE TRAINEL figure comme témoin dans une sentence arbitrale rendue en faveur de l'abbaye de Vauluisant, par Olivier, abbé de Quincy, et Guillaume, abbé de Fontaine-Jean, contre Geoffroi l'Eventé, du Plessis. Cette sentence est notifiée par la comtesse Blanche de Navarre.

> (Biblioth. de Troyes, ms. 22, *Copie du Cartul. de M. de Thou*, p. 147.)

187. — Sous le sceau de Dreux de Mello, AGNÈS, fille de Dreux et femme de GARNIER, *seigneur de Traînel*, donne, avec le consentement de son mari, à l'abbaye du Paraclet, 40 s. de rente sur son héritage à Voisines, pour la pitance des religieux, le jour de son anniversaire. Dreux de Mello, comme suzerain, approuve cette donation.

> (Archiv. Aube, *Origin. Paraclet*.)

1217, juin.

188. — GILE, *dame de Vergy*, veuve de Hugues, et HÉLISSENDE, *dame de Chappes*, toutes deux sœurs, filles de Garnier, seigneur de Traînel et de Marigny, font un accord avec les religieux de Saint-Loup de Troyes, au sujet d'hommes de corps.

> (*Cartul. Saint-Loup*, fol. 82 r°.)

1217, 9 juillet.

189. — Déposition de GUI GASTEBLÉ touchant les droits du comte de Champagne et du comte de Nevers sur Oulchy et Neuilly-Saint-Front. Dans sa déposition, Gui Gasteblé dit qu'Anseau de Traînel et Hermesende, sa femme, ont tenu pendant plus de 15 ans Oulchy et Neuilly-Saint-Front ; qu'ensuite, Anseau échangea ces biens avec le comte de Champagne qui lui donna la moitié du péage de Pons et des portes de Provins. Anseau donna alors à son frère Garnier 30 livrées de terre sur le péage de Pons, pour sa part dans les deniers qu'Anseau avait pris sur le patrimoine commun pour donner à Geoffroi de Donzi.

Cette déposition fut reçue par Eudes III, duc de Bourgogne, et par Gaucher de Châtillon, comte de Saint-Pol (cfr. n° 36).

> (Bouquet, t. XII, col. 128, *note*.)

1217, octobre.

190. — GARNIER DE TRAINEL scelle un accord fait entre Her-

mann, abbé, et les religieux de Larivour, d'une part, et Roland, abbé, et les religieux de Montiéramey, d'autre part. Larivour accorde à Montiéramey le droit de panage et de pâturage dans les bois de Dosches.

(Archiv. Aube, *Origin. Larivour.*)

1218.

191. — Gauthier, abbé de Vauluisant, déclare que GARNIER DE TRAINEL l'ayant constitué avec Pierre de Boi (Bouy-sur-Orvin) et Henri de Mauny ses exécuteurs testamentaires, il donne à l'abbaye de Saint-Loup, pour l'anniversaire de Garnier, 20 s. à prendre tous les ans sur les coutumes de Marigny.

(*Cartul. Saint-Loup*, fol. 75 v°.)

192. — Gauthier, abbé de Vauluisant, Pierre de Boi et Henri de Mauny, exécuteurs testamentaires de GARNIER DE TRAINEL, donnent à l'abbaye de Scellières, pour son anniversaire, 40 s. à prendre tous les ans à Gelannes.

(*Cartul. Scellières*, fol. 63 v°.)

1218, novembre.

193. — Pierre de Boi et Henri de Thorigny, chevaliers, exécuteurs testamentaires de feu GARNIER DE TRAINEL, assignent à l'abbaye de Vauluisant 100 s. de revenu annuel sur le marché et la mairie de Marigny.

(*Cartul. Vauluisant*, p. 28.)

1219, janvier.

194. — AALIZ, *dame de Venisy*, dans son testament, fait plusieurs donations, entre autres à la chapelle de Venisy et à sa chapelle de Ramerupt (Aube).

(Archiv. Aube, *Origin. Prieuré de Ramerupt.*)

1220, 4 octobre.

195. — Nogent-sur-Seine. La comtesse Blanche de Navarre déclare que GARNIER DE TRAINEL, damoiseau, s'engage à payer en deux termes au juif Cresselin les dettes de GARNIER, son père, fixées à cent dix livres; il donne des cautions.

(*Catal. des Actes des Comtes de Champ.*, n° 1294.)

1221, avril.

196. — GARNIER, *seigneur de Trainel*, ayant reçu 20 livres de

l'abbaye de Saint-Loup de Troyes, promet à l'abbé de vendre ou de faire vendre dans l'espace de cinq ans le bois de Pompée.

(*Cartul. Saint-Loup*, fol. 82 v°.)

1221 (v. st.), mars.

197. — ANSEAU DE TRAINEL garantit à Philippe-Auguste la fidélité de Thibaut IV, comte de Champagne.

(Teulet. *Layettes du Trésor des Chartes*, t. I, p. 542, n° 1520.)

1222.

198. — HENRI GASTEBLÉ, chevalier, approuve la donation des censives de *Sulluniacum* (Soligny-les-Etangs), faite par Pierre de Fontenay-Bossery (*de Fontenaio in Bauseriaco*), écuyer.

(Biblioth. Imp., F. Franç., 5997, fol. 116 v°.)

1222, décembre.

199. — A Séant-en-Othe (Bérulles). Erard de Brienne et Philippine, son épouse, sur l'attestation d'Odette, dame de Pougy, confirment les donations faites à l'abbaye de Vauluisant par feue ALIX, *dame de Veneizi*, mère d'André.

(Biblioth. Imp., F. Franç., 5977, fol. 118 v°.)

1223, 26 octobre.

200. — Saint-Haond (Haute-Loire). Contrat de mariage sous le sceau d'Etienne IV de Chalançon, évêque du Puy, entre ADÉLAÏDE DE TRAINEL, fille de feu Garnier de Trainel, et Ponce V, vicomte de Polignac. Adélaïde reçut en dot de Ponce les deux châteaux *de Culce et Solsuit,* et deux cents marcs d'argent sur une autre terre. Ponce fournit des cautions.

(Baluze. *Hist. généal. de la maison d'Auvergne*, Preuv., p. 251.)

1223 (v. st.), janvier.

201. — Jean de Brienne, roi de Jérusalem, scelle un accord entre Aubert, abbé de Vauluisant, d'une part, et d'autre part, Erard de Brienne, qu'il appelle *consanguineum nostrum,* et Philippine, fille de feu le comte Henri et épouse d'Erard, au sujet de la forêt *Rabiosa.* De plus Erard et Philippine donnent à l'abbaye de Vauluisant le droit de pâture dans le bois de Saint-Etienne.

(Biblioth. Imp., F. Franç., 5997, fol. 118 v°.)

202. — Erard de Brienne vend la forêt *Rabiosa* à Gauthier, archevêque de Sens.

(Biblioth. Imp., F. Franç., 5997, fol. 119 r°.)

1224.

203. — GILE DE TRAINEL, veuve de Hugues de Vergy, vivait encore. Elle appose son sceau à une donation faite à l'abbaye de Theuley, près d'Autrey (Haute-Saône). Elle prend le titre de *dame d'Autrey* (Haute-Saône, arrondissement de Gray), et de mère de la duchesse de Bourgogne. (Duchesne, *Maison de Vergy,* Preuv., p. 395.)

Le jour du décès de Gile est marqué le 30 du mois de janvier au calendrier de l'église de Saint-Etienne de Dijon, et en celui de l'église de Saint-Denis de Vergy, à laquelle elle donna un riche vase pour la garde du précieux corps de Notre-Seigneur et un bras de Saint-André.

(Duchesne. *Maison de Vergy*, Preuv., p. 154.)

1224, décembre.

204. — Sézanne. Le comte Thibaut IV fait un règlement avec ses barons sur le partage des fiefs entre les enfants mâles et sur le droit d'aînesse. GARNIER DE TRAINEL figure parmi les barons.

(Brussel, p. 879-881.)

1225, juin.

205. — GARNIER DE TRAINEL, seigneur de Ramerupt, du chef de sa femme Hélissende, s'engage à donner 60 l. de Provins pour la fondation d'une prébende à Saint-Nicolas du Martroy, à Provins ; et augmente les revenus de la prévôté de ce chapitre.

(Ythier. *Hist. ecclés. de Provins*, t. II, p. 469.)

1225, octobre.

206. — GARNIER, *seigneur de Marigny,* confirme le legs fait par son père Garnier, seigneur de Marigny, à l'abbaye de Scellières. Il donna pour son anniversaire 40 s. à prendre tous les ans à Gelannes.

(*Cartul. Scellières*, fol. 63 v°.)

1225.

207. — GARNIER DE MARIGNY donne à l'abbaye du Paraclet

50 s. Provins à prendre tous les ans sur le marché de Marigny, pour le repos de l'âme de sa sœur Elisabeth.

(Archiv. Aube, *Vidimus* de 1276. *Paraclet.*)

1226, août.

208. — GARNIER DE TRAINEL, *seigneur de Marigny*, et son épouse HÉLISSENDE, *comtesse du Perche*, vendent aux Templiers, pour 600 l. provinois, tout ce qu'ils possèdent en granges, maisons, terre, justice, à Belleville, proche Marigny.

(*Cartul. Temple*, fol. 241 r°.)

1226, 25 décembre.

209. — Erard de Brienne doit obtenir que GARNIER DE TRAINEL, *seigneur de Marigny-le-Châtel*, assigne à HÉLISSENDE, sa femme (veuve de Thomas, comte du Perche), fille de Hugues, comte de Réthel, et de Félicité de Broyes dite de Beaufort, dame en partie de Ramerupt, 160 livrées de terre à Esternay. Autrement Erard de Brienne rendra à Odoard, maréchal de Champagne, lettres de l'échange fait entre lui et Garnier. Le comte Thibaut IV est caution et il doit être tenu indemne de tout dommage.

(*Catal. des Actes des Comtes de Champagne*, n° 1735.)

1226 (v. st.), janvier.

210. — Erard de Brienne et Philippine, sa femme, vendent à Thibaut, comte de Champagne, ce qu'ils possèdent à Herbice, Richebourg, et dans les bois de Saint-Mards et de Saint-Bouin. Prix 2,500 l. Provins. Erard et Philippine exceptent la partie du bois de Saint-Bouin qu'ils ont cédée par contrat d'échange à GARNIER DE TRAINEL, *seigneur de Marigny*, et à HÉLISSENDE, sa femme, comtesse du Perche. Le bois est sis proche de leur maison de Saint-Bouin.

(Teulet. *Layettes du Trésor des Chartes*, t. II, p. 118, n° 1917.)

1227, juillet.

211. — Erard de Brienne, seigneur de Ramerupt, cède : 1° à HÉLISSENDE, jadis comtesse du Perche; 2° à GARNIER DE TRAINEL, mari de Hélissende, Saint-Mards et Maraye-en-Othe, en échange de la moitié de Ramerupt, qui appartenait à Hélissende, du côté de sa mère Félicité de Beaufort et de sa grand'mère maternelle Agnès, femme de Simon de Broyes. Erard, pour obtenir le consentement du comte Thibaut, met dans la mouvance du comte la moitié de

Séant-en-Othe (Bérulles), au lieu de Saint-Mards et de Maraye.
(*Catal. des Actes des Comtes de Champ.*, no 1766.)

1227.

212. — GARNIER DE MARIGNY fit hommage au comte Thibaut de Saint-Mards et de Maraye-en-Othe dans la châtellenie de Villemaur ; si Garnier a deux héritiers, l'un sera homme-lige de Saint-Mards et de Maraye, et l'autre de Marigny.
(*Feoda Campanie*, VIe registre, fol. 100. — *Hist. des Comtes de Champ.*, t. II, append., p. XXXIII.)

1227, juillet.

213. — Conditions de la paix signée entre Erard de Brienne et Blanche, comtesse de Champagne, et son fils Thibaut. Erard de Brienne se fera l'auxiliaire de la comtesse, du comte et de leurs héritiers corporels, contre ceux qui les attaqueront, excepté le comte de Brienne et GARNIER DE MARIGNY, parents d'Erard.
(Teulet. *Layettes du Trésor des Chartes*, t. II, p. 125, no 1934.)

1227 (v. st.), 31 janvier.

214. — GARNIER DE TRAINEL, *seigneur de Marigny*, est autorisé par le comte Thibaut IV à mettre pour trois ans entre les mains d'Eudes Chabot, de Sienne, ses revenus de Maraye-en-Othe et de Saint-Mards ; il reconnaît au comte le droit d'exiger que cet engagement ne dure pas plus longtemps.
(*Catal. des Actes des Comtes de Champ.*, no 1095.)

1227.

215. — SIMON DE TRAINEL et Jacques Pantaléon de Troyes (plus tard Urbain IV), chanoines de Laon, sous l'épiscopat d'Anselme de Mauny, natif de Bercenay, au diocèse de Troyes, donnent à l'église de Laon un reliquaire d'argent pour mettre plusieurs reliques insignes.

En 1228, le même Simon de Traînel donne un autre reliquaire avec le chanoine Littard.
(*Gallia Christ.*, t. X, col. 537, C, et 539, D.)

1228, mai.

216. — GARNIER DE TRAINEL, *seigneur de Marigny*, ayant vendu à la comtesse Blanche, à Henri des Bordes et à leurs associés

douze cents arpents de bois, donne Thibaut IV pour caution et lui
promet de le tenir indemne de tout dommage.

(Chantereau, t. II, p. 186.)

1228, août.

217. — Henri, chevalier de Chennegy, seigneur de Saint-Mesmin, et Marie, sa femme, ayant emprunté à l'abbaye de Montier-la-
Celle 700 l. de provinois forts, engagent à l'abbaye tous leurs
biens de Saint-Mesmin, Fontaine-les-Grès et Chennegy. GARNIER,
seigneur de Marigny, répond pour 100 l. solidairement avec les
seigneurs André de Ramerupt, Philippe de Plancy, Jean de Méry-
sur-Seine, André de Saint-Phal et Eudes, son frère. Charte, sous
le sceau de Robert, évêque de Troyes.

(Archiv. Aube, *Origin. Montier-la-Celle.*)

1228 (v. st.), janvier.

218. — Le comte Thibaut IV constate que GARNIER DE TRAINEL,
seigneur de Marigny, a donné à l'abbaye de Vauluisant Herbert de
Rigny, Marie, sa femme et leurs enfants, sauf deux fils mariés.
Thibaut approuve cette donation.

(*Cartul. Vauluisant,* fol. 37 v°.)

219. — DROCO, *dominus Trianguli,* et ANSELLUS, *dominus Vicinarum,* ratifient ladite donation faite à l'abbaye de Vauluisant par
leur frère GARNERIUS, *dominus Marigniaci,* et *nobilis* ELISSENDIS
uxor ejus.

(Biblioth. Imp., F. Franç., 5997, fol. 119 r°.)

1229 (v. st.), janvier.

220. — Le comte Thibaut IV donne à GARNIER DE TRAINEL,
seigneur de Marigny, en fief et hommage-lige ses hommes de corps
et ses rentes de blé à Esternay.

(*Catal. des Actes des Comtes de Champ.,* n° 1983.)

1230.

221. — ANSEAU DE TRAINEL constate que le prieur de Clairlieu
a fait l'acquisition d'une rente de quatre setiers et demi d'avoine
dans les coutumes d'Aix.

(Archiv. Aube, G. 511, fol. 8 v°.)

222. — MATHILDE DE MELUN, fille de Guillaume II, vicomte de
Melun, mariée par contrat en 1230, à ANSEAU DE TRAINEL, *sei-*

gneur de *Voisines* et de *Gerane* (*al.* Verane, plus tard réuni à la terre de la Grève, cfr. nº 285 en 1312).

(*Généal. de la maison de Melun*, à la fin du Moreri, t. X, p. 33, édit. 1759. — P. Anselme. *Hist. Généal.*, t. V, p. 223, F.)

1234.

223. — GUI DE TRAINEL, d'abord archidiacre de Laon, élu doyen en 1234, au mois de mai, fit sa démission l'année suivante après le mois de mai et reprit ses fonctions d'archidiacre.

(*Gallia Christ.*, t. X, col. 562, B.)

1235, mai.

224. — DROCO, *dominus Trianguli*, et BÉATRIX, sa femme, abandonnent les prétentions qu'ils élevaieut sur la grange de Bouy-sur-Orvin, appelée *Le Clos*, appartenant à l'abbaye de Scellières. Dreux prétendait qu'elle était de son fief, et les religieux soutenaient qu'elle était de franc-alleu.

(*Cartul. Scellières*, fol. 31 vº.)

225. — GARNERIUS DE TRIANGULO, *dominus Marigniaci*, ANSELLUS DE TRIANGULO, *dominus de Vicinis*, et GUIDO DE TRIANGULO, *decanus Laudunensis, fratres,* approuvent la donation faite par leur frère DREUX, *seigneur de Traînel*, sur la grange appelée *Le Clos.*

(*Cartul. Scellières*, fol. 32 rº.)

1235, juin.

226. — DROCO, *dominus Trianguli*, du consentement de sa femme BÉATRIX, accorde à l'abbaye de Scellières le droit d'acquérir dans ses censives vingt arpents de pré.

(Archiv. Aube, *Origin. Scellières.*)

1236, novembre.

227. — ANSEAU DE TRAINEL, *seigneur de Voisines,* vend à l'abbaye de Scellières, moyennant 180 l. de provinois forts, sa part d'un pré appelé *Fresnoi,* sur le finage de Courceroi. La part de Dreux, seigneur de Traînel, est de trente-trois arpents et demi et se trouve sur le finage de la Motte-Tilly.

(Archiv. Aube, *Origin. Scellières.*)

1237, juin.

228. — DREUX, *seigneur de Traînel,* et son frère GARNIER, *sei-*

gneur de *Marigny,* approuvent une donation faite à l'abbaye du Paraclet par Renaud, chevalier de *Marpigni.*

(Archiv. Aube, Origin. Paraclet.)

1238, juillet.

229. — DREUX, *seigneur de Traînel,* approuve l'accord passé entre Renaud de Marpigny, chevalier, et sa femme Helvide, d'un côté, et de l'autre l'abbaye de Scellières. Renaud abandonne ses prétentions sur la grange du Clos donnée à l'abbaye par Pierre, seigneur de Bouy, à la condition que l'abbaye de Scellières paiera la dîme au prieuré de Bouy et à l'abbaye du Paraclet.

(Archiv. Aube, Origin. Scellières.)

1239, juin.

230. — Les trois frères GARNIER DE TRAINEL, *seigneur de Marigny,* ANSEAU DE TRAÎNEL, *seigneur de Voisines,* et GUI DE TRAINEL, archidiacre de Laon, et plus tard évêque de Verdun, et BÉATRIX, épouse de DREUX, seigneur de Traînel, frère des précédents, ratifient la donation du bois du Corroy à l'abbaye du Paraclet.

(Archiv. Aube, Origin. Paraclet.)

1239.

231. — D'après la chronique d'Albéric, ANSEAU DE TRAINEL meurt à la croisade avec Robert de Courtenay et beaucoup d'autres seigneurs.

(Bouquet, t. XXI, p. 625, H.)

232. — GARNIER, *seigneur de Marigny,* accorde le droit d'usage dans ses pâtures aux hommes de Saint-Etienne de Troyes, qui habitent *Le Mesnil, Longueperthe* et *Pommereux.*

(Cartul. Saint-Etienne, fol. 38 r°.)

1243, au plus tard.

233. — On voit, dans les *Feoda Campanie,* que Mathieu de Montmirail « a fet lige de Montmirail, des appartenances...» au comte de Champagne. « Sunt plège dou rachat, DROEZ DE TRIENNEL, ANSIAUS DE VOISINES... »

(VIe registre, 2e part., fol. 124 v°. — Hist. des Comtes de Champayne, t. II, append., p. xxxv.)

1243.

234. — Provins, le jour de la mi-aoust. Mathieu de Montmirail

reconnaît qu'il doit au comte Thibaut « 300 l. tournois pour le rachat de la moitié de la terre de la Ferté Ançoul, de la vicomté de Miaus, de Traimes et de Belo, qui écheu nous sont de nostre chière suer, madame Félice de Montmirail, et pour les payer à sa volonté, j'eleu et establi plège et obsîde mon chier cousin ANSIAU DE TRAINEL... et pour ce li dit monseigneur le comte me reçut en son hommage des choses dessus *dites*, et ôta sa main de mon fié. »

(Feoda Campanie, VIe registre, 2e part., fol. 121 v°. — *Hist. des Comtes de Champagne*, t. II, append., p. XXXV.)

1244 (v. st.), janvier.

235. — Meaux. Pierre, évêque de Meaux, proteste, au nom de son église, contre l'hommage précédent, parce que dans cet hommage Mathieu de Montmirail n'excepta pas ce qui était du fief de l'église de Meaux. Mathieu, en présence du comte de Blois, de GUI DE TRAINEL, et d'Eustache de Conflans, reconnaît que plusieurs biens désignés sont du fief de l'église de Meaux.

(Ibid., p. XXVI.)

1244, avril.

236. — GUI DE TRAINEL, archidiacre de Laon, donne à l'abbaye de Scellières, pour son anniversaire, tous ses droits sur le four de *Eschemines* (Echemines, Aube). Il promet de faire ratifier cette donation par son frère GARNIER, seigneur de Marigny.

(Archiv. Aube, *Origin. Scellières*.)

1244, avril.

237. — GARNIER DE TRAINEL, *seigneur de Marigny*, approuve la donation du four faite par son frère GUI DE TRAINEL, archidiacre de Laon, pour son anniversaire.

(Archiv. Aube, *Origin. Scellières*.)

1245 (v. st.), mars.

238. — A Vincennes. Un compromis ayant eu lieu entre les enfants que Marguerite, comtesse de Flandre, a eus avec Guillaume de Dampierre, d'un côté, et de l'autre, ceux qu'elle a eus de Bochard d'Avesne (Nord), GARNIER DE TRAINEL, DREUX DE TRAINEL et ANSEAU DE TRAINEL figurent parmi les seigneurs qui font connaître qu'en présence du roi Louis IX ils se sont obligés comme garants pour les enfants de Marguerite et de Guillaume.

(Teulet. *Layettes du Trésor des Chartes*, t. II, p. 605, n° 3470. — Duchesne. *Hist. Généal. de la Maison de Béthune*. Preuves, p. 115.)

Sceau de Dreux de Traînel. Sceau équestre non décrit : le cavalier courant de droite à gauche, l'épée haute, couvert de son écu qui est armoirié d'un lion, reproduit sur le caparaçon du cheval, au cou et à la croupe. Légende : sceau de Dreu, seigneur de Traînel. Les armoiries sont les mêmes au contre-sceau, avec cette légende : ... Droconis de Triangulo.

> (Teulet. *Layettes du Trésor des Chartes*, t. II, p. 605, n° 3470.)

1245.

239. — Gui de Trainel, archidiacre de Laon, nommé évêque de Verdun, se rendit dans cette ville pour prendre possession de son siège. En arrivant, il fut saisi d'une grande fièvre et mourut.

> (Bouquet, t. XVIII, p. 681, C.)

1246 (v. st.), février.

240. — Nicolas de Brie, évêque de Troyes, saisit la part du pré Fraisnoi (Courceroy) vendue à l'abbaye de Scellières, par Anseau de Trainel, *seigneur de Voisines*, parce que ce pré était dans la mouvance de l'évêque. Enfin, cédant aux prières des religieux et de Garnier de Trainel, Nicolas confirme la vente, à charge par l'abbaye de lui payer tous les ans à Gumery deux deniers de cens par arpent.

> (Archiv. Aube, *Origin. Scellières*.)

1248, mai.

241. — Henri de Villeneuve (aux Riches-Hommes) vend au comte Thibaut, moyennant 140 l. dont quittance, le fief de Pâlis, autrefois tenu de Sibille, mère dudit Henri, par la dame de Mailly. Erard de Trainel, chevalier, oncle de Henri de Villeneuve, approuve cette vente. Sibille, dame de Trainel, veuve d'Anseau le Gros, chevalier, mère de Henri de Villeneuve, donne aussi son approbation.

> (*Catal. des Actes des Comtes de Champagne*, n°s 2833, 2834, 2835.)

1248, juin.

242. — Garnier de Trainel, *seigneur de Marigny*, déclare que Guillaume de Lannerey, chevalier, dit *li Hongres*, a vendu au comte Thibaut IV le tiers de 106 arpents de bois près de Surançon, joignant le bois de Thibaut, moyennant 44 livres, dont quittance. Garnier, comme suzerain, approuve.

> (*Catal. des Actes des Comtes de Champ.*, n° 2838).

1248, juillet.

243. — Jean Britaud, seigneur de Nangis, est caution que les frères de Henri de Villeneuve (aux Riches-Hommes) approuvent la vente mentionnée plus haut sous le n° 241.

(*Catal. des Actes des Comtes de Champ.*, n° 2844.)

1248, 30 août.

244. — Aigues-Mortes. Dreux de Mello, seigneur de Loches et Mayenne, ayant donné le village de Soligny-les-Etangs à Anseau de Trainel, *seigneur de Lézinnes*, maréchal de Champagne, prie le comte Thibaut d'en recevoir l'hommage.

A la même époque, Guillaume de Mello, seigneur de Saint-Bris, frère de Dreux de Mello, approuve la cession de Soligny-les-Etangs faite à Anseau de Traînel, son neveu.

(*Catal. des Actes des Comtes de Champ.*, n°s 247, 248.)

1250, octobre.

245. — Traînel. Dreux, *seigneur de Traînel*, fait connaître que Guillaume de Traînel, ancien prévôt, a vendu à Milon, prêtre de Traînel, deux pièces de terre sises au finage de ce village.

(*Cartul. Paraclet*, fol. 116 r°.)

1251, 15 octobre.

246. — Dreux, *seigneur de Traînel*, et Hugues de Plancy, seigneur de Brachegenoille (Bragelogne), interprètent le compromis qui les a nommés arbitres, entre Nicolas, évêque de Troyes, et Adam, prieur de Dyé.

(Archiv. Aube, G-511, fol. 500.)

1251, 14 novembre.

247. — Dreux, *seigneur de Traînel*, et Hugues de Plancy, seigneur de Bragelogne, par sentence arbitrale, décident entre le prieur de Dyé et Nicolas, évêque de Troyes, que la garde et l'avouerie de La Vosve appartiennent à l'évêque et que les gens dudit évêque qui ont été mettre le feu chez le prieur paieront 450 l. de Provins de dommages-intérêts. Le frère de Dreux, Anseau de Traînel, maréchal de Champagne, tiers arbitre, règlera les autres matières en litige.

(Archiv. Aube, *Copie Evêché*; et Rég. G-511, fol. 2 v°.)

1251, dimanche après Noël.

248. — Anseau de Trainel, maréchal de Champagne, tiers ar-

bitre entre l'évêque de Troyes, son seigneur, et le prieur de Dyé, en vertu du compromis rapporté dans les deux chartes précédentes, prononce que les terres qui doivent coutume ou terrage au prieur de Dyé, et possédées par des hommes de corps de l'évêque, appartiendront à l'évêque quand lesdits hommes de corps mourront sans héritiers, mais que l'évêque sera obligé de mettre ces terres hors de sa main dans l'an et jour de la réquisition faite par le prieur.

(Archiv. Aube, *Copie Evéché*; et G-511, fol. 7 r°.)

1251 (v. st.), mars.

249. — Traînel. DREUX, *seigneur de Traînel*, déclare à Gilon de Villenauxe, bailli de Provins, les fiefs tenus par Renaud de Marigni.

(*Catal. des Actes des Comtes de Champ.*, n° 2994.)

1251, mai.

250. — Jean, châtelain de Noyon et de Thourotte, est, avec DREUX, *seigneur de Traînel*, et Jean de Vallery, caution d'ANSEAU DE TRAINEL, maréchal de Champagne, et d'Erard de Vallery, qui doivent au comte Thibaut 500 livres tournois.

(*Catal. des Actes des Comtes de Champ.*, n° 3015.)

1256, juillet.

251. — GARNIER DE TRAINEL, *seigneur de Marigny*, fait connaître que son père GARNIER DE TRAINEL, *seigneur de Marigny*, a donné par testament à l'abbaye de Scellières 100 soldées de terre de revenu annuel en espèces comptées. Il approuve ce legs. La somme sera prise sur les premiers deniers de la jurée des hommes de Marigny.

(Archiv. Aube, *Origin. Scellières.*)

Avant 1258.

252. — ERARD DE TRAIGNEL, chevalier, était mort avant le mois de novembre 1258. Il avait scellé des conventions arrêtées entre Thibaut, comte de Bar-le-Duc, d'une part, et Regnauld, père dudit comte, d'autre part, au sujet du château de Pierre-Pont (Moselle.)

(Chantereau, t. II, p. 265.)

1260, 15 septembre.

253. — Etienne II, de Mont-Saint-Jean, deuxième fils de Guillaume II, ayant succédé à son frère aîné Guillaume III, aux seigneuries de Mont-Saint-Jean et de Saumaise, était aussi, du côté de sa mère, seigneur de la Ferté-Aleps, en Beauce. Au mois de septembre 1259, il vendit cette dernière seigneurie au roi Saint-Louis, moyennant 300 l. de rente sur le trésor du Temple à Paris. ANSEAU DE TRAÎNEL, beau-frère du vendeur, intenta un procès au roi pour le retrait de cette rente. Le 15 septembre 1260, le conseil décida unanimement que les 300 livres de rente assignées par le roi constituaient héritage, et d'autant que le roi avait livré héritage pour héritage, sans aucune somme de deniers comptants, que partant le contrat dont Anseau demandait l'annulation était un échange d'héritages, qu'en conséquence il ne pouvait être admis en qualité de mari de la sœur d'Etienne, à obtenir à titre de retrait lignager la cession du château de la Ferté-Aleps. Silence perpétuel sur ce point est imposé à Anseau de Traînel.

> (Duchesne. *Maison de Vergy.* Preuv., p. 171-172. —
> Boutaric. *Arrêts du Parlem. de Paris*, t. I, p. 41,
> n° 475.)

1261, mai.

254. — DROCO, *dominus Trianguli*, approuve, comme suzerain, la donation des censives dans ses fiefs de Tilly et de Courceroi, faite par Pierre Testard, curé de *Castello Trianguli*, pour son anniversaire en faveur de l'abbaye du Paraclet. Félise Testard, chevalier de Traînel, frère de Pierre, ratifie la donation.

> (Archiv. Aube, *Origin. Paraclet.*)

1261, août.

255. — GARNIER, *seigneur de Traînel*, reconnaît et confirme la donation de 40 s. à prendre tous les ans à Mareez (Marais) et à Saint-Mards (Aube), donation faite au Prieuré de Foissy par sa mère, noble *Dame la comtesse du Perche*. Garnier ajoute 40 s. à prendre sur Marigny, pour l'anniversaire de sa mère.

> (Archiv. Aube, *Origin. Foissy.*)

1261, décembre.

256. — DREUX, *seigneur de Traînel*, fait connaître que Adam, seigneur de Bouy-sur-Orvin, donne à l'abbaye de Scellières trois arpents de terre sis devant la grange du *Clos*, à Bouy.

> (Archiv. Aube, *Origin. Scellières.*)

1261 (v. st.), le dimanche avant l'Annonciation.

257. — Troyes. Le comte Thibaut V déclare que, dans la saisie

qu'il a fait faire des meubles et immeubles de Jean, doyen de Saint-Quiriace de Provins, il n'a point eu l'intention de porter préjudice aux religieux de Saint-Loup de Troyes et à GARNIER DE TRAINEL, *seigneur de Marigny*, quant à leurs justices sur le village et le territoire de Rigny-la-Nonneuse.

(Archiv. Aube, *Origin. Saint-Loup.*)

1263, 2 novembre.

258. — Saint-Arnould en Yveline. Le comte Thibaut V adresse à ANSEAU DE TRAINEL, connétable de Champagne, des lettres de sauvegarde pour le chapitre de Saint-Quiriace de Provins.

(*Catal. des Actes des Comtes de Champ.* n° 3324.)

1263, novembre.

259. — DROCO, *dominus Trianguli,*, approuve la vente d'une pièce de terre par Eudes, dit le Bosseri, de Fontenay, écuyer, en faveur de l'abbaye du Paraclet. Cette pièce de terre, sise près de *Bellum videre* (la grange de Beauvoir, cfr. n° 61), est du fief de Dreux de Traînel (cfr. n° 268).

(Archiv. Aube, *Origin. Paraclet.*)

1263, novembre.

260. — Villeneuve. HENRI, *seigneur de Traînel*, approuve l'aumône de 26 s. tournois par an que ANSEAU, son père, et SIBILLE, sa mère, ont donné à l'abbaye du Paraclet pour leur anniversaire.

(Archiv. Aube, *Origin. Paraclet.*)

1264-1269.

261. — GUILLAUME DE TRAINEL, évêque de Metz.

(*Gallia Christ.*, t. XIII, col. 763.)

1265, avril (Pâques le 5 avril).

262. — DREUX, *seigneur de Traînel*, fait connaître que Gérard, seigneur du Plessis, et sa femme Jeanne, vendent à l'abbaye de Scellières leur pré de la Motte-Tilly, consistant en 9 arpents et 1 quartier, appelé *Haia Moncelli Goerii*. Prix : 74 l. 10 s. tournois payés.

(Archiv. Aube, *Origin. Scellières.*)

1266, juillet, mardi avant saint Pierre-ès-Liens.

263. — GARNIER DE TRAINEL, *seigneur de Marigny*, donne, en

faveur de l'abbaye du Paraclet, des lettres d'amortissement pour une maison sise à Marigny.

(Cartul. Paraclet, fol. 136 v°.)

1267, 10 novembre.

264. — ERAMBOR D'EPOISSES, dame de Marigny, s'engage à payer les legs et les dettes de GARNIER DE TRAINEL, seigneur de Marigny, dont elle est veuve, et dont les meubles lui ont été attribués. Elle prie le comte Thibaut V de faire sceller des lettres-patentes qui confirment cet engagement.

(Catal. des Actes des Comtes de Champ., n° 3452.)

1268.

265. — ERAMBOR D'EPOISSES, dame de Marigny, fait savoir au comte Thibaut V, qu'en exécution du testament de Garnier de Traînel, son mari, qui avait légué 15 l. de rente à l'abbaye de Vauluisant, elle a donné à cette église différents biens : un terrage à Saint-Martin de Bossenay, un gagnage et un four à Ossey-les-Trois-Maisons...

(Catal. des Actes des Comtes de Champ., n° 3481.)

1268, 20 avril.

266. — ERAMBOR D'EPOISSES, dame de Marigny, fait savoir au comte Thibaut V qu'en exécution du testament de Garnier de Traînel, son mari, elle lui doit payer 200 l. tournois.

(Catal. des Actes des Comtes de Champ., n° 3482.)

1268, avril.

267. — AGNÈS, veuve de noble homme ANSEAU DE TRAINEL et ANSEAU, son fils, échangent avec Saint-Étienne de Troyes plusieurs hommes de corps.

(Cartul. Saint-Étienne, fol. 126 v°.)

1268 (v. st.), mars.

268. — DREUX, seigneur de Traînel, fait connaître de nouveau et ratifie la vente faite à l'abbaye du Paraclet, au mois de novembre 1263, par Eudes dit le Bossery, écuyer de Fontenay (cfr. n° 259).

(Archiv. Aube, Origin. Paraclet.)

1272, 9 juillet.

269. — DREUX DE TRAINEL, damoiseau, vend au comte Henri III

100 l. de provenisiens forts de rente, que le comte lui avait données sur la foire de Bar-sur-Aube. Prix : 1000 l. tournois que Dreux
reconnaît avoir reçues.

(*Catal. des Actes des Comtes de Champ.*, n° 3710.)

1276.

270. — D'après un compte de cette année, Gilles de Compiègne,
bailli de Sens, reçoit du *seigneur de Traînel,* sur le rachat de sa
terre de *Voisines,* pour la dernière moitié, 80 l. 16 s.

(Bouquet, t. XXII, p. 755, A.)

1277.

271. — « Madame MARIE DE MARIGNY fist hommage à Jehan de
Nanteuil, évesque de Troyes, de l'eschoite qui luy vint par la mort
de messire GARNIER, *seigneur de Marigny,* son père, et de la troisième partie de la succession de MARGUERITE DE MARIGNY, sa sœur.

POINCET DE TIL, *escuyer,* fist hommage de la tierce partie de
la succession de ladite Marguerite de Marigny, sœur d'AGNÈS, sa
femme. »

(*Extrait d'un rôle d'hommages faits à l'évesque de Troyes.* —
Ap. Duchesne. *Maison de Château-Villain.* Preuv., p. 42).

1278 (v. st.), le jour de la Circoncision.

272. — Demoiselle Marie, dame d'Esternay et sœur de Jean, seigneur d'Esternay, par testament donne 100 sous à AGNÈS DE
TRAINEL, religieuse du Paraclet.

(*Cartul. Paraclet,* fol. 159 r°.)

1279, août.

273. — Erard de Brienne, sire de Venisy, ayant vendu 600
arpents de bois à l'abbé de Pontigny, promet la ratification de POINCET
DE TIL et D'AGNÈS DE TRAINEL, sa femme, s'ils avaient des droits sur
ce bois.

(Duchesne. *Maison de Château-Villain.* Preuv., p. 42.)

Avant 1281.

274. — JEANNE DE MELUN, fille d'Adam II, vicomte de Melun,
mariée à HENRI Ier, *sire de Traînel,* mort avant 1281.

(*Généal. de la Maison de Melun,* à la fin du Moreri, t. X,
p. 34, édit. 1759. — P. Anselme. *Hist. généal.*,
t. V, p. 224.)

1280.

275. — Record d'un accord entre les gens du comte de Champagne et *la demoiselle de Marigny*, d'une part, et l'évêque de Troyes de l'autre, portant que l'évêque ferait à ladite demoiselle récréance des revenus de la terre de Marigny jusqu'à ce que le procès fût jugé.

(Olim. t. I, p. 169, n° XLIII. — Boutaric, Actes du Parlement de Paris, t. I, p. 221, n° 2313).

1281, octave de Saint-Martin.

276. — Arrêt du Parlement de Paris. L'évêque de Troyes, Jean de Nanteuil, dit qu'il est, comme ses prédécesseurs, en possession et saisine de retenir et d'avoir les hommages et obédiences qui appartiennent au seigneur du fief du village de Marigny-le-Châtel (Aube) et de ses appartenances; le comte de Champagne (Edmond d'Angleterre) dit au contraire qu'il est en possession et saisine des droits sus-énoncés. Le Parlement, après une enquête, adjuge à l'évêque de Troyes la possession et saisine des droits en question, à l'exception de la saisine d'avoir et de retenir l'hommage et les obédiences de la forteresse du château et aussi de la vallée de Marigny, saisine qui est adjugée au comte de Troyes.

(Boutaric. Actes du Parlement de Paris, t. I, p. 370, n° 465.)

1283, 1ᵉʳ novembre.

277. — Mandement au bailli de Sens de mettre sous la main du roi, jusqu'à décision de justice, l'échoite de Jean d'Esternay que se disputaient DREUX DE TRAINEL et la *demoiselle de Pyroe* (*al.* Pynroe).

(Olim., t. II, p. 233, XXI. — Boutaric., Actes du Parlement de Paris, t. I, p. 238, n° 2505.)

1289.

278. — Jeanne Gasteblé était abbesse de Notre-Dame-aux-Nonnains.

(Gallia Christ., t. XII, col. 567, B.)

1290, 21 mai.

279. — Arrêt du Parlement de Paris portant que la confession du procureur de l'abbé de Vauluisant, dans un procès entre le roi et ANSEAU DE TRAINEL, *écuyer,* au sujet de la justice des mesures dans certaines localités, ne pourra porter préjudice à son abbaye,

sauf par rapport aux mesures de la loge du bois appelé le Buisson-de-l'Abbé (Dumus abbatis).

(Olim., t. II, p. 302, IX. — Boutaric., *Actes du Parlement de Paris*, t. I, p. 263, n° 2691.)

1290.

280. — ANSEAU DE TRAINEL figure parmi les cautions de Jean de Chappes, écuyer, pour l'exécution d'un arrêt de la cour : « Ce sunt cil qui se sunt établis plege, dete, et rendeur de Jehan de Chapes, escuier, de rendre ledit Jehan de Chapes et de le remettre en la prison le roi dedenz la quinzaine de la Magdaleine, se ainsi n'est que il ait accompli ce qui est contenu en un jugié fait en la court le roi à Paris : c'est à savoir... ANSIAUS DE TRAIGNEL. »

(Olim., t. II, p. 308, XXVI.—Boutaric., *Actes du Parlement de Paris*, t. I, p. 265, n° 2708.)

1291.

280 *bis.* — GUI DE TRAIGNEAU, chevalier, constate que les religieux de Saint-Pierre-le-Vif de Sens ont le droit de prendre un denier sur le poids de cent livres de toute marchandise à Troyes. Charte scellée. L'écu est *fascé de 3 pièces et chargé d'une bande.*

(Archiv. Yonne. *Origin. Saint-Pierre-le-Vif.*)

1294 (v. st.), le dimanche après l'Épiphanie.

281. — ANSEAU DE TRAINEL, et Pierre, seigneur de Saint-Phal, figurent à la prise de possession solonnelle d'Étienne Bécard, archevêque de Sens, parmi les seigneurs qui sont tenus de porter les archevêques de Sens.

(*Gallia Christ.*, t. XII, Instr., col. 79.)

1302, novembre.

282. — ANSEAU DE TRAINEL, *seigneur de Soleigny*, chevalier, donne, le dimanche de sainte Catherine, quittance de 204 l. 17 s. 4 d. tournois, sur ses gages et ceux de ses gens, pour le dernier *ost* de Flandre, et pour le *restor* d'un cheval.

(P. Anselme. *Hist. généal.*, t. VIII, p. 613, A.)

1302 (v. st.), janvier.

283. — GUILLAUME, *sire de Til et de Marigny*, écuyer, s'accorde avec les religieux de Pontigny, au sujet de ce qu'ils avaient acquis sans son consentement dans ses fiefs de Venisy. Il promet de donner des lettres scellées du sceau dont il usera quand il sera chevalier.

(Duchesne. *Maison de Château-Villain.* Preuv., p. 42.)

1306, 25 mai, mercredi après la Pentecôte.

284. — Arrêt confirmant une sentence du prévôt de Paris condamnant HENRI DE TRAINEL, chevalier, à recevoir l'hommage de Gille, dit *Grange*, écuyer, pour la terre que la dame de Langis tenait dudit Henri, et qu'elle avait échangée avec ledit Gille.

(Boutaric. *Actes du Parlem. de Paris*, t. II, p. 33, n° 3329.)

1310.

285. — Compte des recettes et des dépenses « *terre de Fontanis* (Fontaine-Fourche) *et de Courrecelli* (Courceaux), *de novo empte a domino Henrico de Triangulo* » par le chapitre de la cathédrale de Troyes.

(Archiv. Aube, *Reg.-G.*, 2323, fol. 3 r°.)

1312.

286. — GUILLAUME, *sire de Til et de Marigny-le-Châtel*, vend l'héritage de sa tante maternelle, Marie de Marigny, à savoir : la terre de la Grève et les appartenances, à savoir : Crisancy, Faverolles, Gérane et Origny, à Louis, fils aîné du roi de France, comte de Champagne. On voit par ces lettres que Guillaume était marié à ISABEAU, fille du comte de Grandpré.

(Duchesne. *Maison de Château-Villain*. Preuv., p. 42.)

1313, mercredi avant la saint Thomas.

287. — GUILLAUME, *sire de Marigny*, vend à Jacques de Baaçon, archidiacre de Troyes, l'étang de la Merdelle, près de Marigny. Prix : 400 livres.

(Archiv. Aube, G-1256, fol. 58 r°.)

1314.

288. — DREUX, *sire de Traînel*, HENRI DE TRAINEL, *sire de Villeneuve*, GUILLAUME, *sire de Til en Auxois et de Marigny-le-Châtel*, font partie de l'association des nobles de Champagne et de Vermandois, pour résister aux impositions que le roi Philippe voulait lever sur eux.

(Duchesne. *Maison de Château-Villain*. Preuv., p. 48.)

1315, mars.

289. — Bourges. Louis le Hutin, à la requête d'HENRI DE TRAINEL, amortit des biens vendus au chapitre de Troyes par le père dudit Henri et situés à Fontaine-Fourche. (Cfr. n° 285.)

(Archiv. Aube, G-1252, fol. 20 r°.)

1330, novembre.

290. — JEAN, *sire de Traînel*, chevalier, conseiller et chambellan du roi, et pannetier de France, reçoit, en novembre 1330, une gratification du roi en reconnaissance des services qu'il avait rendus dans les guerres.

(P. Anselme. Hist. généal., t. VIII, p. 612, A.)

1335.

291. — Accord entre JEAN, *seigneur de Traînel*, et Isabelle de Sancerre, abbesse de Saint-Julien d'Auxerre, au sujet du droit dit *la chandelle de saint Julien*, sur les hommes du village de Migennes (Yonne). Le droit est partagé entre les deux parties.

(Gallia Christ., t. XII, col. 421, B.)

On pense que Jeanne II de Traînel, abbesse de Saint-Julien, était fille de Jean.

(Ibid.)

1337, au plus tard.

292. — ANSEAU DE TRAINEL vendit à Guillaume de Brosse, archevêque de Sens, plusieurs biens qu'il possédait au village de Saint-Maurice.

(Gallia Christ., t. XII, col. 73, C.)

1337, samedi après la Fête-Dieu.

293. — JEAN, *seigneur de Traînel*, va avec le duc de Brabant à Valenciennes, pour assister aux funérailles du comte de Hainaut.

(P. Anselme. Hist. généal., t. VIII, p. 612, A.)

1341, novembre, mardi après la Toussaint.

294. — Château épiscopal de Saint-Lyé. Jean d'Aubigny, évêque de Troyes, donne par testament au chapitre de la cathédrale tout ce que noble homme JEAN DE TRAINEL, chevalier, lui doit à raison du quint-denier de la terre de Basson et de la terre de Marcilly-le-Hayer, terres de sa mouvance qui ont été achetées par ledit Jean de Traînel.

(Camusat. Prompt., fol. 202 r°.)

1345 (v. st.), 29 janvier.

295. — « Lettres de JEAN, *sire de Thil et de Marigny*, connestable de Bourgogne, et d'Édouard, sire de Beaujeu, et de Marie de Thil, dame de Beaujeu, par lesquelles ils s'accordent ensemble tant sur les conquests faits durant le mariage dudit sire de Thil et de feue Madame AGNÈS DE FROLOIS, sa première femme, et de Monseigneur GUILLAUME, jadis seigneur de Thil, père dudit seigneur de Thil, esquels conquests ledit Édouard prétendait la moitié à cause de Marie de Thil, sa femme, comme héritière seule de ladite de Frolois. Item sur ce que le même seigneur de Beaujeu disait que ledit seigneur de Thil était tenu à lui parfournir l'assiète de 500 livrées de terre ou chastel de la Roche et ses partenances par les convenances du mariage si dit. Item sur 300 l. pour cause de 30 livrées de terre escheuës à ladite Agnès ou finage de Guerchi par l'eschoite de feu l'archidiacre de Soloigne. Pour toutes lesquelles choses le seigneur de Thil baille au seigneur de Beaujeu et à Marie de Thil, sa femme, et fille de luy et de ladite Agnès, sa première femme, tout ce qu'il a à Montaigne et à Briane acquis de Madame Jeanne de Courcelles, jadis femme de Monsieur Gibaut de Saint-Vérain. Item le chastel de la Roche avec les apartenances. Fait au chastel de Thil, le Dimanche avant la Purification, xxixe jour de janvier, l'an MCCCXLV. »

(Duchesne. *Maison de Château-Villain*. Preuv., p. 43.)

1345, 24 décembre.

296. — Châtillon-sur-Indre. JEAN, *seigneur de Traînel*, chevalier, conseiller du roi, donne une quittance de 50 écus d'or au trésorier du duc de Normandie, et la scelle du sceau *vairé ou chargé de quatre fasces vairées; cimier, une tête qui semble de chien, et à côté de l'écu J et T.*

(P. Anselme. *Hist. généal.*, t. VIII, p. 612, B.)

1346, octobre.

297. — Compiègne. JEAN, *seigneur de Traînel*, chevalier, se trouve à Compiègne, au mois d'octobre 1346, en la bataille du roi, suivant la semonce qui en avait été faite.

(*Ibid.*)

1350.

298. — Le seigneur de Traînel fait partie des seigneurs qui tiennent l'Echiquier de Normandie dans la journée des octaves de la fête de Saint-Jean 1350, où fut dressé un règlement entre les ouvriers de drap plein et de drap rayé en Normandie. Ce règlement fut confirmé à Paris par le roi Jean, au mois de mars 1350 (v. st.).

(*Ordonn. des rois de France*, t. II, p. 397.)

6

1351, mai.

299. — Jean, *seigneur de Traînel*, chevalier, reçoit du roi, en récompense de ses services, une rente à vie de quatre cents livres sur le trésor royal.

(P. Anselme. *Hist. généal.*, t. VIII, p. 612, B.)

Avant le 16 juillet 1355.

300. — Jean, *seigneur de Traînel*, reçoit l'office de Grand Pannetier de France.

(P. Anselme. *Hist. généal.*, t. VIII, p. 612, B.)

1355, lundi après l'Ascension.

301. — Esternay. Jean, *seigneur de Traînel*, chevalier, pannetier de France, donne au grenetier de Meaux et de Provins quittance de quinze livres tournois, qui lui étaient dues par chacun an sur les moulins du roi à la quinzaine de Pâques.

(P. Anselme. *Hist. généal.*, t. VIII, p. 612, B.)

Avant 1360.

302. — Jean, *seigneur de Traînel*, chevalier, pannetier de France, est en différend avec *Oudart de Traînel*, son parent, au sujet de la terre de Traînel. Ce différend ne fut pas terminé du vivant de Jean de Traînel, qui mourut avant l'année 1360.

(P. Anselme. *Hist. généal.*, t. VIII, p. 612, C.)

1362, 2 mai.

303. — « A tous ceuls qui verront et orront ces présentes lettres, nous Jehanne, *dame de Saint-George et de Chastelvillain*, faisons savoir que nous donnons plain pouvoir, autorité et puissance à nostre bien amé Chevalier et Lieutenant Monsieur Sance de Noigent, autant comme nous en nostre personne pourriens avoir si nous y estiens à faire de entier foy et homaige en la main de Révérend Père en Dieu nostre tres cher seigneur et cousin Monseigneur l'Evesque de Troyes, et de faire foye à ycelui en nom de nous, pour nous, de tout ce que nous tenons du dit Monseigneur l'Evesque en toute la diocèse de Troyes, et spécialement en ville et apartenances de Marigny en Champaigne, excepté le chastel. Et promettons en bonne foy et sur l'obligation de tous nos biens meubles et non meubles, présens et futurs, de tenir ferme et stable tout ce que le dis Monsieur Sance, nostre lieutenant, en fera sans jamais

aler au contraire. En tesmoing de laquelle chose nous avons mis nostre scel en ces présentes lettres, qui furent faites et données à Gesvre, le second jour du mois de May, l'an MCCCLXII. »

(Duchesne. *Maison de Château-Villain*. Preuv., p. 43.)

1364, juillet.

304. — MARGUERITE DE TRAINEL et sa sœur EUSTACHE DE TRAINEL obtiennent remise de toutes les sommes que leur père avait reçues pendant les guerres, tant pour les gages des gendarmes qu'il avait menés au service du roi qu'autrement, et dont il n'avait pas rendu compte.

(P. Anselme. *Hist. généal.*, t. VIII, p. 612.)

1364, octobre.

305. — « Lettres par lesquelles MARGUERITE, *dame de Traînel et de Vaucler*, vend au roi la ville et prévosté de Vauchantis (Vauchassis, Aube), près du château de Montagu (Montaigu) de lez Troyes, et les droits qui lui appartenaient à Laignes (Laines)-au-Bois, à Pruigny (Prugny), à Villarcel (Villecerf, commune de Messon). »

(Duchesne. *Maison de Château-Villain*. Preuv., p. 63.)

1644. (1364)

306. — JEAN DE MORNAY, *seigneur de Voulton* (Seine-et-Marne), *Traînel*, *la Motte-Tilly* (Aube), *Plessis-Poilchien* (commune de Gimbrois, Seine-et-Marne), chevalier et chambellan du roi, servait sous le duc de Bourgogne à la bataille de Cocherel, en 1364. Il ne vivait plus le 20 juin 1390. Il épousa Marie d'Amillis.

(P. Anselme. *Hist. généal.*, t. V, p. 280, C.)

1366, 16 mai.

307. — « Lettres d'échange entre Guillaume de Melun, archevêque de Sens, d'une part, et MARGUERITE DE TRAINEL, *dame de Traînel et de Vaucler*, et JEAN DE CHATEAU-VILLAIN, son fils, chevalier, *seigneur de Baye*, *de Traînel et de Vaucler*, d'autre part, par lesquelles lettres l'archevêque leur baille la maison et forteresse de Fontaines, près de Saligny-les-Sens, et ils lui baillent la maison et forteresse de la Motte de Tilly-sur-Seine (Aube), chargée néanmoins du douaire de *Marie de Brabançon*, *dame de Traînel*, mère de Marguerite de Traînel. »

(Duchesne. *Maison de Château-Villain*, Preuv., p. 63.)

1367.

308. — « Lettres par lesquelles MARIE DE BRABANÇON, *dame de Traînel*, et *Marguerite de Traînel*, sa fille, dame de Vaucler et dudit Traînel, font accord avec Simon de Nogent, chevalier, seigneur d'Aviray. (Avirey-Lingey, Aube.) »

(Duchesne. *Maison de Château-Villain*. Preuv., p. 49.)

Vers 1370.

309. — « Monsieur ENGUERRAND D'EUDIN, *chevalier*, à cause de Madame JEANNE DE CHATEAU-VILLAIN, sa femme, douairière, et Monsieur Jean de Til, comme héritier, font foi et hommage à l'évêque de Troyes, à cause de la terre de Marigny et de ses appartenances ».

(Duchesne. *Maison de Château-Villain*. Preuv., p. 46.)

1371, 4 juillet.

310. — Lorsque Jeanne de France, fille du roi Philippe de Valois, partit pour aller en Aragon, MARGUERITE DE TRAINEL fut choisie pour l'accompagner et reçut à cet effet des fonds pour un entretien plus honorable. Le 4 juillet 1371, elle donna une quittance de 200 francs d'or; son sceau est *parti au 1 d'un lion, au 2 de Traînel*.

(P. Anselme. *Hist. généal.*, t. VIII, p. 612, D.)

1371, août.

311. — EUSTACHE DE TRAINEL, épouse de HENRI, *seigneur de Chastel-les-Nangis, Esternay et Migennes*, obtint remission de l'évasion d'un prisonnier sorti de ses prisons.

Eustache avait apporté en dot Esternay et Migennes. (Cfr. nos 220, 277, 291, 301, 317.)

(P. Anselme. *Hist. généal.*, t. VIII, p. 613, A.)

1372.

312. — MARGUERITE DE TRAINEL, *dame de Vaucler*, veuve de ROBERT DE CHATEAU-VILLAIN, figure dans un acte du Parlement de Paris avec sa fille *Marie de Château-Villain*, épouse de *Gaucher de Conflans*.

(Duchesne. *Maison de Château-Villain*. Preuv., p. 49.)

1373, 30 septembre.

313. — « Ce sont les noms de ceulx qui furent menés par le capitain ou gens de la garnison de Marigny a rompre lestang des Mar-

delles, le vendredi avant la saint Michel (30 septembre), l'an
M CCC LXXIII : Jehanin Colot de saint Martin, dit le meirat d'Ocey,
Johan de Fox, demorant à St Flavit, Oudin Groignot, Felisot Le
Clerc, Le Fournier d'Origny. »

(Archiv. Aube, G-1273, fol. 95 r°.)

1373 (v. st.), vendredi après la conversion de S. Pol.

314. — ENGUERRAND D'EUDIN, *chevalier, seigneur de Chastelvillain
et de Marigny*, donne plein pouvoir à un commissaire pour faire
une enquête au sujet du *descort mehu* entre le chapitre de Troyes
et le capitaine et les bourgeois de Marigny qui avaient fait rompre
l'étang des Mardelles.

(Archiv. Aube, G-1273, fol. 96 r°.)

1380, 3 avril.

315. — Mandement de paiement délivré à MARGUERITE DE
TRAINEL, pour tout ce qui était dû à sa mère, à cause des bons
services qu'elle avait rendus à la mère du roi.

(P. Anselme. *Hist. généal.*, t. VIII, p. 612, D.)

1387.

316. — GUILLAUME DE MORNAY vivait écuyer en 1311; il rendit
deux aveux au roi Charles VI en 1387 et 1389 des terres de Traînel
et du Plessis Poilchien, qui lui avaient été données par Jean de
Mornay, son cousin germain. (Cfr. n° 306.)

(La Chesnaye des Boys. *Dict. de la noblesse*, art. Mornay.)

1401.

317. — Dame EUSTACHE DE TRAINEL accorde des franchises à
ses hommes de Migennes. (Cfr. n° 311.)

(P. Anselme. *Hist. généal.*, t. VIII, p. 613, A.)

1412, août.

318. — JEAN JOUVENEL, avocat du roi, est désigné, à cette date,
pour la première fois sous le titre de *seigneur de Traignel* par son
fils Juvenal des Ursins, archevêque de Reims, dans son *Histoire de
Charles VI*. A partir de cette époque, il le nomme toujours *seigneur de Traignel*.

(Edit. de Denys Godefroy, 1653, p. 247.)

1415.

319. — PERRONELLE DE TRAINEL, *dame de Marivaux* (sœur de

GUI DE TRAINEL, *seigneur de Marivaux*), est l'épouse de PHILIPPE DE L'ISLE, *seigneur de Saint-Cyr, de Courcelles et de Boisemont*, et la mère d'Ancelet de l'Isle, qui vivait en 1415.

(P. Anselme. *Hist. généal.*, t. VIII, p. 791, C.)

1418, 21 septembre.

320. — Niort. Maître JEAN JOUVENEL, *chevalier, seigneur de Trainel,* maître des requêtes du roi, est un des conseillers établis par le Dauphin à tenir et à exercer la cour, et juridiction souveraine du royaume dans la ville de Poitiers.

(*Ordonn. des rois de France*, t. X, p. 477.)

1429, juin.

320 *bis*. — Les gens de guerre de Bernard de Château-Villain font onze prisonniers sur la route de Paris : Nicole de la Loge, abbé de Montier-la-Celle, Guillaume Galleret, curé de Saint-Jean de Troyes et chanoine de Saint-Pierre, frère Adam de Saint-Jean, commandeur de Troyes..., et Jean de Mesgrigny, notaire royal. Ils sont conduits à Château-Villain. Le bailli, Jean de Dinteville, et la ville de Troyes, traitèrent du rachat des prisonniers, qui fut fixé à 2,000 saluts d'or.

(Troyes, Archiv. municip., nouv. Fonds A 1er.)

1441, le 13 mai.

321. — « BERNARD, *seigneur de Château-Villain, de Gravees, de Pierrepont,* et noble dame JEHANNE DE VE, sa femme, et Jean de Château-Villain, leur fils, *seigneur de Marigny,* abandonnent à titre d'échange la moitié de la forteresse de Marigny, en Champagne, avec 80 l. tournois de rente annuelle sur la terre dudit Marigny, à Guillaume de Marcilly, écuyer, et demoiselle Isabelle de Guerchy, sa femme, qui de leur côté abandonnent à Bernard, à Jehanne et à Jean la moitié de tout le chastel et appartenances de Trémilly, avec la mouvance de toute la terre et de tout ce qu'ils possèdent dans les villages et finages de Trémilly (Haute-Marne), Nully (Haute-Marne), Til et Ville-sur-Terre (Aube). »

(Duchesne. *Maison de Château-Villain*, Preuv., p. 79.)

1444.

322. — JEAN, *écuyer, seigneur temporel de Marigny,* fils de noble homme BERNARD DE CHATEAU-VILLAIN, fait hommage à l'évêque de Troyes, Jean Léguisé.

(Duchesne. *Maison de Château-Villain*, Preuv., p. 61.)

1445, vendredi 18 mars (v. st.).

323. — « Le seigneur de Marigny, fils de Mgr de Château-Villain, » demande au chapitre de la cathédrale de Troyes réduction de la rente de quatre livres dix sous tournois, qu'il doit sur la terre de Marigny, et des arrérages.

(Archiv. Aube, G-1275, fol. 231 v°.)

1447, mercredi 18 novembre.

324. — Le chapitre de la cathédrale décide qu'il faut écrire au chancelier du roi (Guillaume Jouvenel des Ursins), « *nouveau seigneur de Marigny,* » au sujet de la rente de quatre livres dix sous tournois sur la terre de Marigny; un différend existait relativement à cette rente « entre le seigneur de Til, dernier seigneur de Marigny, » et le chapitre de Troyes.

(Archiv. Aube, G-1275, fol. 260 r°.)

1465, le 9 novembre.

325. — *Guillaume Jouvenel des Ursins,* seigneur de Traînel, qui avait été disgracié sur de faux rapports, est réintégré dans ses fonctions de chevalier par le roi Louis XI. D'après l'acte d'enregistrement des lettres du roi, à la chambre des comptes, le 8 février 1465 (v. st.), on voit que les *gaiges du seigneur de Treignel* étaient de iv *mil livres parisis par an à prendre sur l'esmolument du scéel de la chancellerie.*

(*Docum. hist. extraits de la Bibliot. Royale,*
t. II, p. 403-405.)

Pendant que notre travail était sous presse, nous avons retrouvé beaucoup de chartes des seigneurs de Traînel; mais elles ne modifient pas l'essai de généalogie que nous avons entrepris. Cependant nous citerons celle-ci :

1199.

Elisabeth « Filia Zacharie, soror Bovonis de Sancto Sepulchro, uxor Hugonis de Rumilliaco « donne au prieuré de Saint-Sépulcre et « Beato Aderaldo » son alleu *de Valliaco* (Vailly, Aube), et d'autres biens. (Cfr. n°⁵ 131-132.)

(Archiv. Aube, *Origin. Prieuré de Saint-Sépulcre.*)

Cette donation avait été précédée, en 1163, d'un accord entre

Hugues et Elisabeth d'une part, et Saveric, prieur de Saint-Sépulcre, d'autre part : ANSELLUS DE TRIANNELLO figure parmi les témoins. (Camusat, *Promptuarium*, fol. 352 v°.)

§ II. — Inscriptions des sépulchres de Mes-
sires de Treignel,

Inhumez au Chapitre de l'abbaye Notre-Dame
de Vauluisant.

I. Cy gist Jehan filz Monseigneur Erard de Treignel, sire de
Foissy.

II. Hìc jacet nobilis vir Erardus de Triangulo, dominus
Foissiaci ; hìc etiam reconduntur ossa patris sui Anselli
et ossa Anselli avi sui, dominorum de Triangulo.

III. Cy gist noble home Messire Dreux de Treignel, chevalier,
jadis filz de Monseigneur Dreux de Treignel, qui trezpassa en l'an de grace MCCCXVIII, la veille Saint
Pierre angoul-aoust. Priez Nostre Seigneur qu'il ait mercy de son âme.

IV. Cy gist Messire Ansiau de Treignel, sire de Voisines, et
conestable de Champagne.

V. Cy gist Messire Dreux, noble chevalier, sire de Treignel.

VI. Cy gist Madame Jehanne de Saint-Urbain, jadis femme de
Monseigneur Dreux de Treignel, chevalier, qui trezpassa
l'an de grâce MCCLXXXXVII, au moys d'Aoust, la veille
de Saint Jehan Décolasse.

(Et au même tombeau) :

Cy gist noble home Messire Dreux de Treignel, qui trezpassa l'an de grâce MCCCXI, au moys d'Apvril. Priez
pour l'âme d'iceux.

VII. Cy gist Messire Garnier de Treignel, le jeune, sire de Marigny. Priez pour luy.

VIII. Cy gist Messire Henry de Villeneuve. Priez pour luy que
Dieu lui fasse mercy.

IX. Uxores Erardi de Triangulo : Agnes de Cauda, et Yolandis
de Monte acuto. Requiescant in pace. Amen.

§ III. — Extrait de l'Obituaire de Vauluisant.

IIII Idus Aprilis, obiit dominus Thomas, abbas Vallis Lucentis.

IIII Nonas Maji, obiit dominus Petrus, abbas Vallis Lucentis.

III Idus Junii anno Domini MCCCLXXII, obiit dominus Guillelmus de Plasseyo, miles, quondam ballivus Trecensis, qui cum domina Beatrice de Triangulo, uxore sua, dederunt in eleëmosynam domum cum omnibus suis terris in villa de Fossiaco super Vennam.

V Kalendas Julii, anniversarium Simonis, comitis Montisfortis, et uxoris ejus, et filiorum eorum.

VI Idus Julii, obiit dominus Artaldus, primus abbas Pruliacensis.

IIII Idus Julii, anniversarium comitisse Blesensis, Margarete.

Idus Julii, anniversarium Erardi de Triangulo et fratris ejus. (Obiit Erardus de Triangulo, dominus Foissiaci, V Idus Februarii.)

III Kalendas Augusti, obiit Ansellus de Triangulo senior, fundator hujus ecclesie.

II Nonas Augusti, obiit Johannes Tristanus, comes Nivernensis.

III Idus Augusti, Sancte Corone Domini translatio.

II Idus Augusti, anniversarium Theobaldi, quondam regis Navarre.

XVI Kalendas Septembris *(alias XIII)*, obiit dominus Norpaldus, primus abbas Vallis Lucentis.

IX Kalendas Septembris, obiit dominus Guillermus, abbas Vallis Lucentis.

III Nonis Septembris, obiit dominus Garnerius de Triangulo.

VIII Idus Septembris, obiit pie memorie dominus Ansellus, episcopus Laudunensis, jacet ante majus altare.

III Idus Septembris, obiit Garnerius IV, dominus Mariniaci.

XIV Kalendas Octobris, obiit dominus Felix, abbas Vallis Lucentis.

XIII Kalendas Novembris, obiit dominus Ansellus.

VII Idus Novembris, obiit pie memorie Ludovicus, rex Francornm, hujus ecclesie fundator.

IV Idus Novembris, obiit Isnardus, vicecomes de Joviniaco, qui dedit terram suam de Hermentariis.

XVI Kalendas Decembris, obitus domini Henrici de Chennegiaco, militis.

IV Kalendas Decembris, anniversarium regine Blanche et Roberti, filii ejus, comitis Atrebatensis.

II Kalendas Decembris, obiit Ansellus, miles Vicinarum et constabularius Campanie.

Nonis Decembris, anniversarium Johanne, quondam comitisse, Guillermi et Ferrandi, quondam comitum Flandrie. Fiat solenniter.

Ultimo Decembris, commemoratio pie memorie domini Eugenii pape ; item domini Norpaldi, primi abbatis Vallis Lucentis; et domini Artaldi, primi abbatis Pruliacensis; et pie recordationis domini Guillelmi, abbatis Vallis Lucentis, et domini Thome, quinti abbatis ; nec non et omnium episcoporum et abbatum Ordinis nostri ; et pii regis Francorum Ludovici, et comitis Theobaudi, hujus ecclesie fundatorum; et comitis Theobaudi junioris et Marie comitisse Trecensis ; et Henrici, regis Anglorum, et filiorum ejus Henrici et Richardi ; et domini Anselli de Triangulo et domine Helissendis, uxoris ejus ; et Anselli junioris, et Garnerii, fratris ipsius ; et omnium fratrum Ordinis nostri.

> Si bene sentires quo tendis et unde venires,
> Nunquam rideres, sed in omni tempore fleres.

(Bibl. Imp., F. Franç., Ms. 5997, fol. 115 rº.)

§ IV. — Extrait de l'Obituaire du Paraclet.

JANUARIUS.

1. Maria, filia domini Anselli Vicinarum.
2. Ansellus, dominus Trianguli, qui dedit nobis locum de Triangulo. — Johanna de Villanova, domina de Triangulo. — Jacoba, domina de Triangulo; Henricus armiger, fiilus ejus.
4. Emelina, vicecomitissa Joviniaci, qui dedit nobis decem solidos ad Molendinos. — Johannes miles dominus de Garcheio.
9. Petronilla, domina de Balliaco.

10. Theobaldus, Trecensis comes.
11. Ansellus, Triagni dominus. — Ansellus miles; Mathildis uxor ejus.
12. Milo, dominus de Nogento. — Milo junior ejusdam castri dominus.
13. Agnes, domina Mariniaci (elle gist au milieu du chapitre sous la grande tombe).
14. Simon, dux Lotaringorum.
15. Johanna, domina de Garcheio, familiaris nostra.
18. Elisabeth, domina de Plesseio, familiaris nostra.
22. Margarita, domina de Tillio, monacha ad succurrendum (elle gist au grand cloistre vers les roziers de lez le gros postel et si ni a pas de tumbe).
23. Petrus, miles de Tornela. — Henricus, armiger de Boulagiis.
24. Mahauta, domina de Villa Boneny; Margareta, filia ejus.
28. Erardus, dominus de Foussiaco; Johanna, uxor ejus.
29. Gertrudis, vicecomitissa Melodunensis.
31. Johannes, armiger, dominus de Foussiaco; Erardus, frater ejus. — Elisabeth, domina de Mourinant. — Agnes de Barris, domina de Villamenardi.

FEBRUARIUS.

1. Johanna, domina de Septem Pillis.
4. Dominus Joannes de Agrivilla, miles; domina Elisabeth, uxor ejus, et Johannes de Agrivilla, armiger, eorumdem filius. (Obiit regina Johanna de Ebroicis que dedit nobis LXX libras ad emendum redditus LXX solidorum, pro quibus tenemur anno quolibet facere solemniter suum anniversarium et domini Caroli regis quondam sui mariti; et fiet pitancia de dictis LXX solidis ista die anno quolibet).
5. Helissendis, domina Calvimontis.
7. Garnerius, dominus Trianguli.
21. Margareta, domina de Flaci.

MARTIUS.

6. Guillelmus miles, dominus de Doa; Emelina, uxor ejus; Guillelmus et Guido, filii eorum. — Johannes, miles, dominus de Villanova.

7. Johanna, domina Sancti Mauricii.
13. Margareta de Barris, domina de Bovilla.
14. Elisabeth, monacha, domina de Planceio. (Elle gist en chapitre sous la première tumbe).
15. Johanna, domina de Cantulupi.
17. Henricus, Trecensis comes palatinus.
18. Maria de Sergines, familiaris nostra.
21. Margareta, domina de Saron.
25. Maria, Trecensis comitissa.
29. Johannes de Varennis, armiger.
30. Garnerius, dominus Marigniaci; Agnes, domina Resonis, filia ejusdem.

APRILIS.

4. Simon miles de Perrigniaco; Petronilla, uxor ejus.
10. Eustachia, domina Calvimontis.
16. Robertus de Nantolio; Johanna et Elisa, uxores ejus.
20. Johannes armiger de Charneio; Ansellus, frater ejus. — Agnes, domina de Canidato.
22. Yolandis, domina de Vallibus.
24. Guillelmus de Barris, miles; Heloisa, uxor ejus; dominus Petrus de Barris, miles, Guillelmus de Barris. armiger, eorumdem filii; Johanna et Helissendis, eorumdem filie.
26. Johanna, domina de Nantolio.
28. Maria de Mariniaco, domina de Grava.
29. Johanna de Barris, domina de Vienna (elle gist au cimetière).

MAJUS.

1. Guillelmus, armiger, dominus de Sancto-Albino (il gist en droit la verrière de Saint-Jehan.
3. Garnerius de Triangulo, Trecensis episcopus.
8. Candida regina Navarre, que dedit nobis XL libras ad redditus emendum pro anniversario suo faciendo. — Guillelmus de Triangulo, canonicus Senonensis.
9. Ansellus, armiger, dominus de Triangulo.
14. Henricus, miles de Flaceyo, — Renaudus miles de Nantolio; Reginardus, filius ejus; Johanna abbatissa, filia ejus.
19. Elizabeth, regina Navarre.

20. Johannes miles de Garcheio.
25. Henricus, Trecensis comes palatinus.
31. Robertus, Trecensis episcopus. — Agnes, domina de Bouy.

JUNIUS.

3. Hugo miles de Bovilla.
6. Johannes miles Pomponiensis (il gist au chœur aux prêtres à la dernière tombe devers la porte).
8. Elisabeth, filia domini Garnerii de Triangulo,
13. Elisabeth, ductrix Athenarum.
21. Margarita *des Vignes*, domina de Marcilliaco, familiaris nostra.
23. Andreas, dominus de Marreveiz. — Garnerius miles; Heloisa, uxor ejus.
25. Petrus miles, dominus de *Boy*.
27. Ermengardis, domina de *Vilerboneus*.
28. Henricus miles, dominus de Flaceyo.
29. Elienor de Corcelles, domina de Castellione.
30. Lancelot de Salazart miles, dominus de Marcilliaco.

JULIUS.

4. Ales, domina de *Boissy*. — Heluisendis, domina Marigniaci.
7. Herveus, Trecensis episcopus.
16. Johannes miles, dominus de Triangulo.
23. Johannes miles, dominus de Grangia; Margareta, uxor ejus; Robertus et Adam, filii eorum.
27. Johannes, Trecensis episcopus.
31. Ansellus, Trianguli dominus.

AUGUSTUS.

8. Girardus miles, dominus de Nogento (il gist au chœur à la deuxième tombe, auprès de Saint-Jèhan.
16. Adelaidis de Triangulo, vicecomitissa Poliniacensis.
22. Johannes miles, filius Girardi domini de Nogentio (il gist au chœur aux prêtres, la seconde tombe devant le Saint-Esprit).
25. Henricus, episcopus Trecensis.

29. Johanna, domina de Triangnio.
31. Johannes dictus Lionus miles de *Nantouillet*.

SEPTEMBER.

9. Garnerius, dominus Trianguli; Adelaidis, uxor ejus (elle gist en chapitre entre les deux poteaux de la large tombe, — Elisabeth, familiaris nostra, domina de Serginiis.
10. Garnerius, dominus Marigniaci, *Lavoinière*, *La Grième* (la Grève); Helissendis, domina *des Vignes*, soror ejus.
11. Henricus miles, dominus de Villanova.
12. Maria, domina de Flogniaco.
14. Aelisia, domina de *Foinon* (elle gist au petit cloître derrière la cuisine).
19. Dominus Guido de Triangulo, Verdunensis episcopus electus.
21. Margarita, domina d'*Antigny;* Johanna, filia ejus, domina de Foissiaco. — Gilo armiger de Planceyo. — Petrus armiger de *Villebeon;* Johannetta, uxor ejus.
25. Petrus miles de Barris; Odo miles, pater ejus; Guillelmus miles, nepos eorum.

OCTOBER.

1. Ansellus, dominus de Triangulo; Sybilla, uxor ejus. — Johannes miles de Romiliaco.
3. Erardus de Garcheio, abbas Sancti-Martini.
6. Hugo, dominus de Montefolio; Gila, uxor ejus.
10. Reginaldus, dominus de Nantoleio. — Elizabeth, Deo sacrata, domina de Nogento (elle gist au chœur aux prêtres, la première devers le Saint-Esprit).
20. Guillelmus, dominus de *Sogon*, et Margarita uxor ejus (il gist au cloître au pavé devers la cuisine).
22. Helia, Villemauri domina, monacha ad succurendum, que dedit nobis XI lib. in pedagio Marcilliaci (elle gist au cloitre devant l'archet); Milo miles, vir ejus.
23. Johannes armiger dictus de *Sogon*.
26. Garnerius miles de *Villers Bonel*.
29. Guido miles, dominus de Soleigniaco.
30. Petrus miles de Barris; Johannes miles, dominus Calvimontis, frater ejus.

NOVEMBER.

3. Guido Gasteble miles; Comitissa, uxor ejus. .
4. Galterus miles, dominus de Foissiaco.
7. Jacobus miles, dominus de Barris; Johannes et Odo, fratres ejus.
9. Renaudus miles de *Boy*.
12. Aelisia de Barris, domina Calvimontis.
14. Ansellus miles Gasteble.
10. Felicitas, domina de Pirone que dedit nobis XL libras pro redditu emendo pro anniversario suo faciendo.
29. Ansellus de Triangulo, dominus Vicinarum; Agnes, uxor ejus; Ansellus et Droco, filii eorum.

DECEMBER.

3. Elisabeth, domina de Cantualo.
4. Droco miles, dominus de Triangulo; Beatrix, uxor ejus.
6. Garinus miles de Marcelliaco; Heluindis uxor ejus; qui dederunt nobis XIV sextarios bladi in molendino de Marcelliaco ad receptionem (pitanciariam) conventûs.
7. Theobaldus, rex Navarre.
20. Ansellus, Trecensis archidiaconus.
22. Guido miles de Marcelliaco.

On voit que l'Obituaire du Paraclet, en particulier, offre de nombreux éléments pour compléter plus tard la généalogie des seigneurs de Traînel.

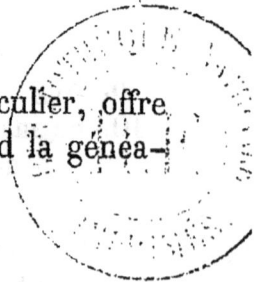

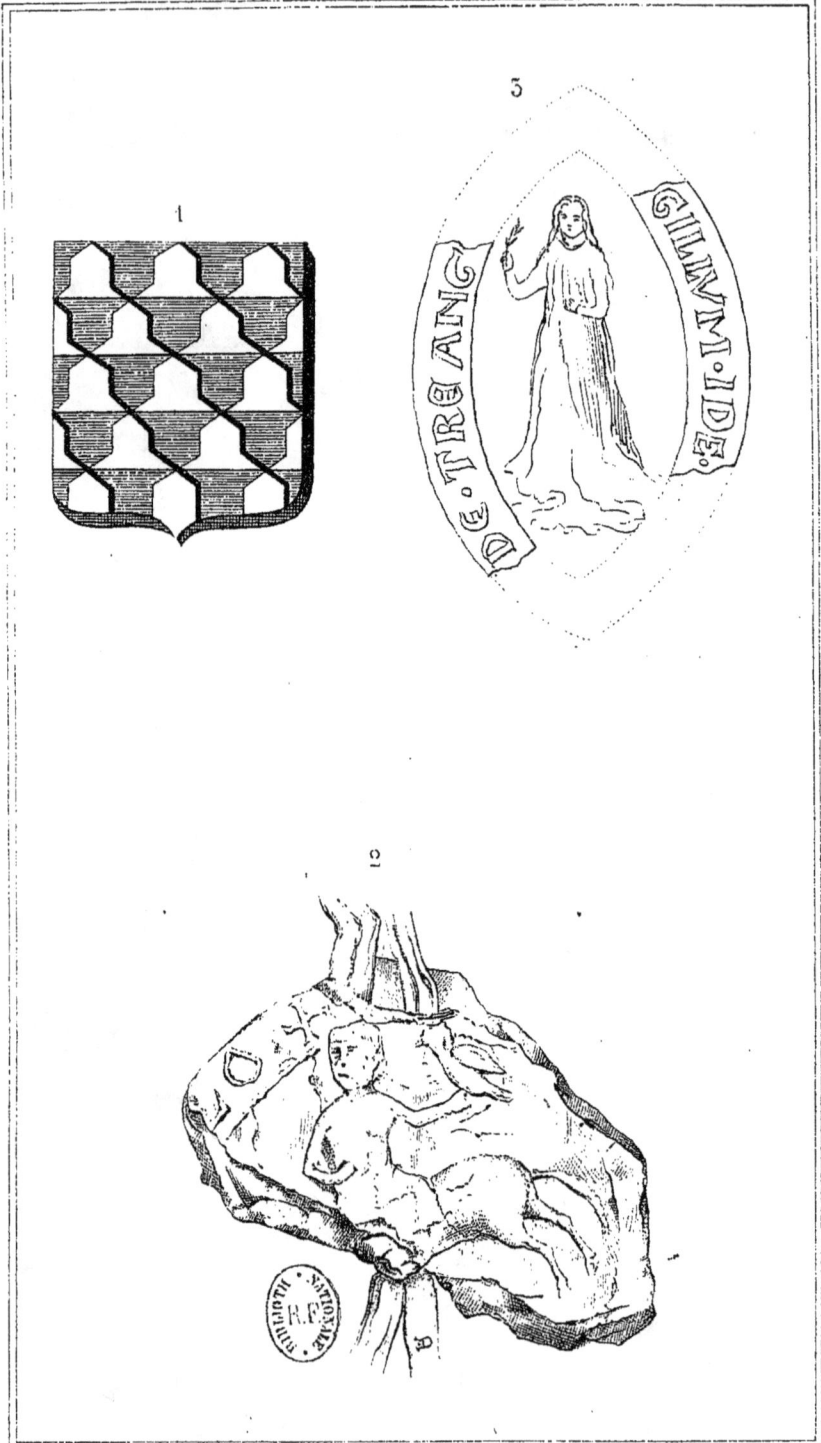

L'Abbé Lalore, del.   Troyes, Lith. Dufour-Bouquot

SIGILLOGRAPHIE DE LA MAISON DE TRAÏNEL. PL. I

N°1. Armes de la maison de Traïnel.
N°2. Sceau de Anseau de Traïnel, 1163. (Archiv. Yonne.-Vauluisant)
N°3. Sceau de Ide, dame de Traïnel, 1213. (Archiv. nation. 7.549)

SIGILLOGRAPHIE DE LA MAISON DE TRAÎNEL . PL . II.

Nº4. Sceau de Anseau,Sire de Voisines,1233 (Archiv.Yonne,132)
Nº5 Sceau de Gui de Traînel,1291.(Archiv. nation.nºs 4.741 et bis)
Nº6 Sceau de Agnès, Dame de Pouy,1236.(Archiv. nation.2,132)

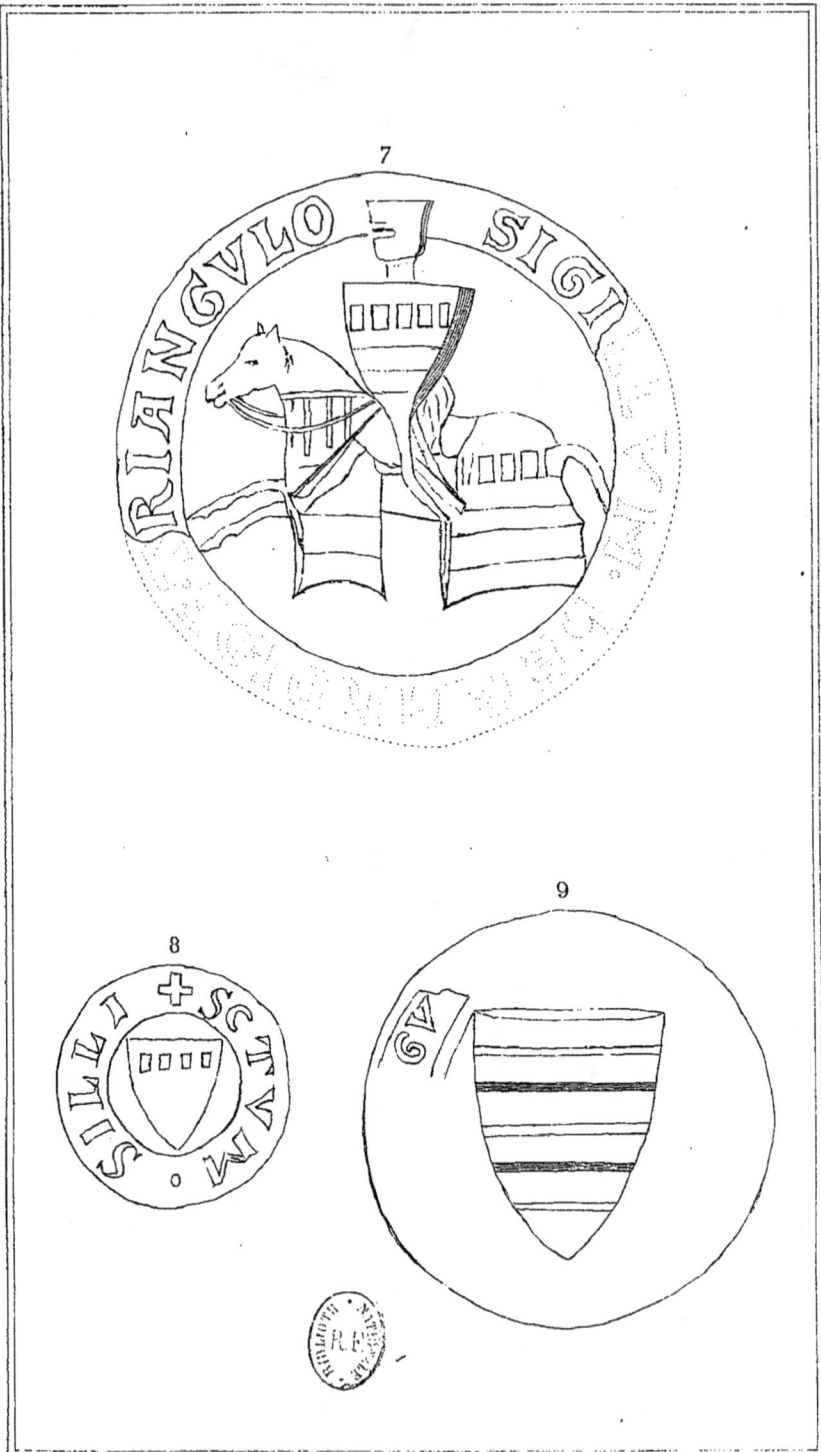

L'Abbé Lalore, del.   Troyes, Lith. Dufour-Bouquot

SIGILLOGRAPHIE DE LA MAISON DE TRAÎNEL. PL. III.

N° 7. Sceau de Hérard de Traînel, 1236. (Archiv. Yonne, 106)
N° 8. Contre-Sceau du N° 7
N° 9. Sceau de Anseau de Traînel, 1209 (Archiv. Yonne, 946)

L'Abbé Lalore,del.   Troyes,Lith.Dufour-Bouquot.

SIGILLOGRAPHIE DE LA MAISON DE TRAÎNEL. PL. IV

N°. 10. Sceau de Henri, Sire de Traînel. 1258.(Archiv.Yonne, 51)

N°. 11. Contre-Sceau du N°. 10.

N°. 12. Sceau de Gui de Traînel avant 1834. (Cabinet de M.Coffinet)

N°. 13. Sceau de Hélissende de Traînel.1276(Archiv.nation.1,361)

TABLE DES MATIÈRES

—

§ V. — Sigillographie de la Maison de Traînel.

Ces sceaux, recueillis à la hâte après l'impression du texte,
sont appendus à des actes authentiques que nous n'avons pas men-
tionnés dans notre travail. M. Alexis Socard, libraire à Troyes, possède la copie de plusieurs de ces sceaux (1), et il nous l'a commu-
niquée très-obligeamment. Nous n'avons pas donné le sceau de
Garnier de Traînel, évêque de Troyes, parce qu'il doit faire partie
naturellement de la sigillographie des évêques de Troyes.

---

(1) Manuscrit intitulé : *Sigillographie troyenne.*

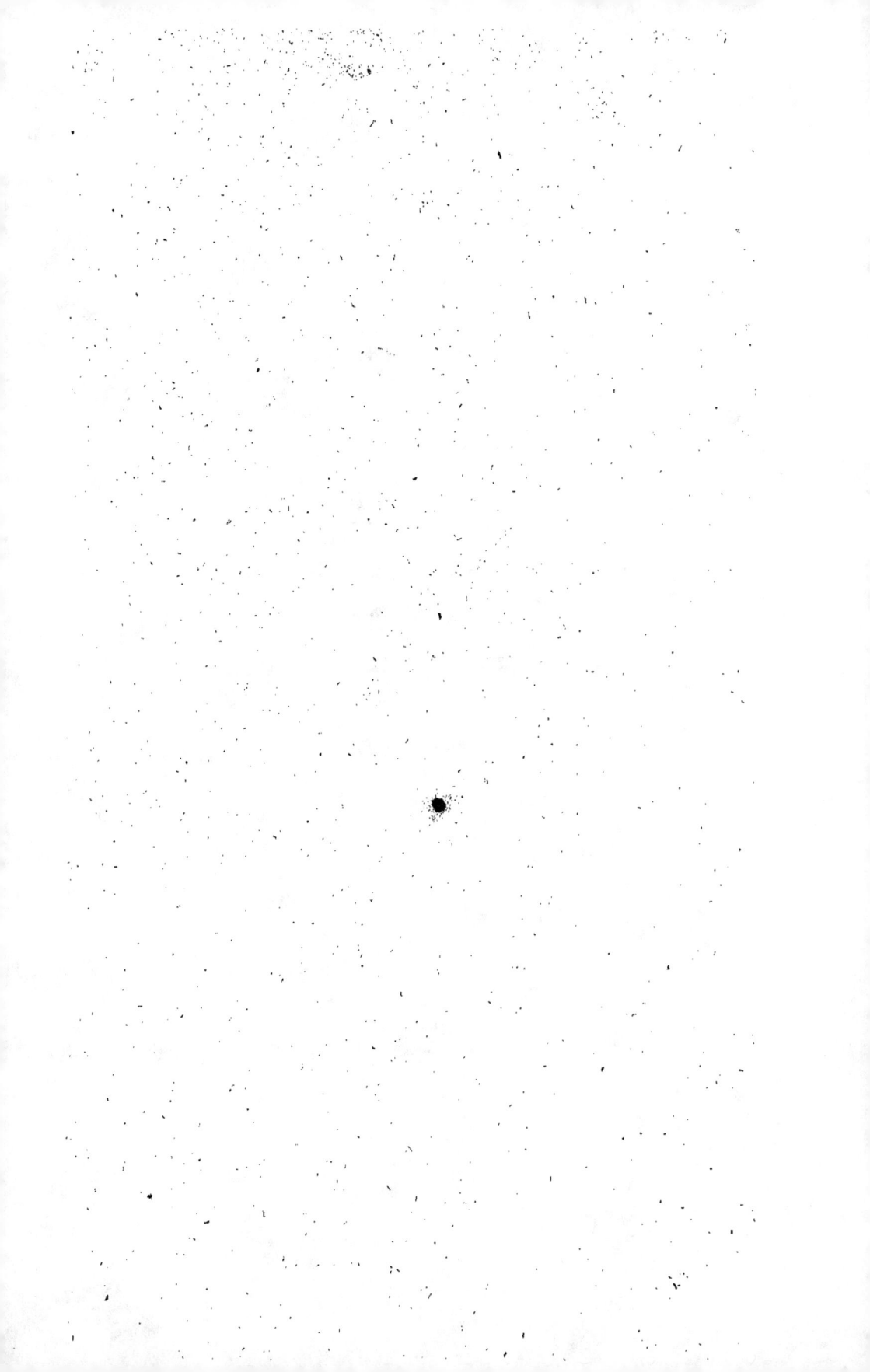

Extrait des Mémoires de la Société Académique de l'Aube

Tome XXXIV, 1870.

www.ingramcontent.com/pod-product-compliance
Lightning Source LLC
Chambersburg PA
CBHW052044270326
41931CB00012B/2627